사회평론

글 사회평론 과학교육연구소
대학에서 오랫동안 과학을 연구한 전문가들이 모여, 우리 아이들이 쉽고 재미있게 공부할 수 있는 책을 만들고 있습니다.

글 김형진 (사회평론 과학교육연구소 연구원)
연세대학교 천문대기과학과를 졸업하고 같은 대학교 대학원에서 석사, 박사 학위를 받았습니다. 과학자를 꿈꾸는 아이들에게 올바른 과학 개념과 과학적 태도를 함께 키울 수 있는 방법을 전달하기 위해 노력하고 있습니다. 현재 사회평론 과학교육연구소 연구원으로 과학책을 만들고 있습니다.

글 이명화 (사회평론 과학교육연구소 연구원)
서울대학교 물리교육과를 졸업하고 같은 대학교 대학원에서 석사, 박사 학위를 받았습니다. 10여 년간 중학교에서 과학을 가르쳤으며, 미국 아리조나 주립대에서 물리학으로 박사 학위를 받고 독일, 미국, 영국에서 연구원으로 근무하였습니다. 쉽고 재미있는 과학책을 쓰는 일에 관심을 갖고 있으며, 현재 사회평론 과학교육연구소 연구원으로 과학책을 만들고 있습니다.

글 설정민 (사회평론 과학교육연구소 연구원)
서울대학교 생물학과를 졸업하고 같은 대학교 대학원에서 석사 학위를 받은 뒤 박사 과정을 수료하였습니다. 아이에게 과학을 쉽고 재미있게 얘기해 주려 노력하다 보니 어린이를 위한 책을 만드는 일에도 관심을 가지게 되었습니다. 현재 사회평론 과학교육연구소 연구원으로 과학책을 만들고 있습니다.

글 이현진 (사회평론 과학교육연구소 연구원)
상명대학교에서 생물학과를 졸업하고 열린사이버대학교에서 심리학을 공부했습니다. 서울의대유전체의학연구소에서 연구원으로 있었으며, 와이즈만영재교육연구소와 아이스크림미디어에서 다수의 과학콘텐츠를 개발했습니다.

그림 조현상 (매드푸딩스튜디오)
미국 필라델피아에서 U-Arts를 졸업했습니다. 한국과 미국에서 동화, 일러스트레이션, 만화 등 다양한 작업을 하고 있습니다.
mad-pudding.com | instagram.com/madpuddingstudio

그림 뭉선생
2004년 LG 동아 국제만화 공모전에 입상하며 작품 활동을 시작했습니다. 그린 책으로《조지의 우주를 여는 비밀 열쇠》시리즈,《용선생 만화 한국사》시리즈,《용선생 처음 한국사》시리즈,《용선생 처음 세계사》시리즈 등이 있습니다.

그림 윤효식
2002년《소년 챔프》에〈신검〉으로 데뷔하여 어린이에게 유익한 학습 만화를 그리고 있습니다. 그린 책으로《마법천자문 사회원정대》시리즈,《용선생 만화 한국사》시리즈,《용선생 처음 한국사》시리즈,《용선생 처음 세계사》시리즈 등이 있습니다.

감수 맹승호
서울대학교 지구과학교육과를 졸업하고 한국교원대학교 과학교육과 대학원에서 석사, 서울대학교 과학교육과 대학원에서 박사 학위를 받았습니다. 현재 서울교육대학교 과학교육과 교수로 재직 중입니다. 대화를 이용한 과학 학습에 많은 관심을 가지고 있습니다. 함께 지은 책으로《일곱 빛깔 지구과학》,《주말 지질 여행》등이 있습니다.

캐릭터 이우일
홍익대학교에서 시각디자인을 공부한 만화가입니다. 그림책 작가인 아내 선현경, 딸 은서, 고양이 카프카와 함께 그림을 그리고 글을 쓰며 살고 있습니다. 지은 책으로《우일우화》,《옥수수빵파랑》,《좋은 여행》,《고양이 카프카의 고백》등이 있고, 그린 책으로《노빈손》시리즈,《용선생의 시끌벅적 한국사》시리즈,《교양으로 읽는 용선생 세계사》시리즈 등이 있습니다.

용선생의 과학교실

시끌벅적

습도와 구름

글 사회평론 과학교육연구소 | 그림 조현상·뭉선생·윤효식 | 감수 맹승호 | 캐릭터 이우일

구름 속에 들어가는 가장 쉬운 방법은?

사회평론

프롤로그

여러분, 안녕? 과학반을 맡은 용선생이야. 내 명성은 익히 들어 봤겠지? 역사반과 세계사반을 모두 훌륭하게 성공시키며 방과 후 교실 최고의 인기 교사가 된 그 용선생이란다. 교장 선생님께서 특별히 부탁하셔서 이번에는 과학반을 맡게 되었어. 어찌나 사정을 하시던지 도무지 거절할 수가 없었지 뭐야. 그래서 이 몸이 깜짝 놀랄 수업을 준비했단다.

우리의 수업은 언제나 질문과 함께 출발해. 세상을 둘러보다가 누군가 "저건 왜 그래요?" 하고 질문하면 바로 그 순간 수업이 시작되는 거지. 이제부터 용선생의 시끌벅적 과학교실을 제대로 즐기는 방법을 하나씩 알려 줄게.

첫째, 과학반 친구들과 함께 호기심을 갖고 질문해 봐. 과학을 어렵게만 생각하지 말고, 매 교시마다 아이들이 어떤 호기심을 가지는지 관심을 가져 봐. 과학반 친구들과 함께 '왜 그럴까?', '어떻게 알아낼 수 있을까?' 고민하다 보면 어렵던 과학도 쉽게 느껴질 거야.

둘째, 어려운 내용은 사진과 그림으로 이해해 봐. 어려운 과학 개념과 원리를 한 장의 사진이나 그림을 통해 단숨에 이해할 수도 있어. 그래서 너희를 위해 사진과 그림을 많이 준비했단다. 글을 읽다가 어렵다 싶으면 옆에 있는 사진과 그림을 봐. 잘 이해되지 않던 내용이 틀림없이 술술 이해될 거야.

셋째, 배운 내용을 되새기며 머릿속에 정리해 봐. 왁자지껄한 수업을 마치고 나면 뭘 배웠는지 정리가 안 될 때도 있을 거야. 그럴 때를 대비해 중간중간 핵심 정리를 준비했어. 또 배운 내용을 4컷 만화로 재미있게 요약해 두었지. 게다가 교시가 끝날 때마다 나선애의 정리노트도 마련했단다. 이 정도면 학습 정리는 문제없겠지?

과학은 분야도 다양하고 배울 내용도 아주 많아. 쉽게 이해할 수 있는 부분도 있지만, 여러 번 곰곰이 생각해 봐야 알 수 있는 부분도 있지. 이 책을 여러 번 다시 읽다 보면 구석구석 빠짐없이 모두 이해될 거야.

자, 이제 용선생의 시끌벅적 과학교실을 제대로 즐길 준비가 됐겠지? 그럼 신나는 수업을 시작해 볼까?

차례 | 습도와 구름

1교시 | 물의 순환
물고기 비가 내리는 까닭은?

물고기 비가 내린 지역의 비밀 ··· 13
물고기 비가 내린 까닭 ··· 15
물은 돌고 돌아 ··· 18

나선애의 정리노트 ··· 22
과학퀴즈 달인을 찾아라! ··· 23
용선생의 과학 카페 ··· 24
  - 비나 눈이 내린 양은 어떻게 잴까?

교과연계
초 4-2 물의 여행 | 중 3 기권과 날씨

2교시 | 습도의 중요성
인형의 집으로 날씨를 안다고?

인형이 움직이는 까닭 ··· 29
습도를 왜 알아야 할까? ··· 34
습도는 이런 것에도 영향을 줘 ··· 36

나선애의 정리노트 ··· 40
과학퀴즈 달인을 찾아라! ··· 41
용선생의 과학 카페 ··· 42
  - 알고 보면 신기한 지구의 물

교과연계
초 5-2 날씨와 우리 생활 | 중 3 기권과 날씨

3교시 | 건습구 습도계
정확한 습도를 알려면?

습도계를 소개합니다 ··· 46
온도계로 습도를 알 수 있다고? ··· 49
온도계가 두 개인 까닭 ··· 51
습도를 구해 볼까? ··· 54

나선애의 정리노트 ··· 58
과학퀴즈 달인을 찾아라! ··· 59

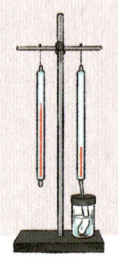

교과연계
초 5-2 날씨와 우리 생활 | 중 3 기권과 날씨

4교시 | 구름의 이름

구름, 너의 이름은?

구름마다 이름이 있다고? … 63
구름의 이름이 왜 필요할까? … 66
오늘날 사용하는 구름의 이름 … 68

나선애의 정리노트 … 70
과학퀴즈 달인을 찾아라! … 71

교과연계
초 5-2 날씨와 우리 생활 | 중 3 기권과 날씨

6교시 | 우박과 비

물방울과 빙정이 모이면?

우박 속 무늬의 비밀 … 95
비와 눈이 내리는 과정 … 98
열대 지방에 눈이 내리지 않는 까닭 … 100

나선애의 정리노트 … 104
과학퀴즈 달인을 찾아라! … 105
용선생의 과학 카페 … 106
 - 측우기의 우수성

교과연계
초 5-2 날씨와 우리 생활 | 중 3 기권과 날씨

5교시 | 구름의 구성과 발생

구름 속으로 들어가면?

구름을 만질 수 있을까? … 75
구름이 왜 중요해? … 77
구름을 이루는 것들 … 80
구름이 생길 때 필요한 것은? … 82
구름은 어떻게 생길까? … 84

나선애의 정리노트 … 88
과학퀴즈 달인을 찾아라! … 89
용선생의 과학 카페 … 90
 - 구름의 도우미가 있다고?

교과연계
초 5-2 날씨와 우리 생활 | 중 3 기권과 날씨

가로세로 퀴즈 … 108
교과서 속으로 … 110

찾아보기 … 112
퀴즈 정답 … 113

등장인물

용쓴다 용써!
용선생

- 체력 ★★★
- 지력 ★★★★★
- 감성 ★★★
- 호기심 ★★★★★
- 유머 ★★

열정이 가득한 과학 선생님. 하늘을 향해 거침없이 솟은 머리카락과 삐죽삐죽한 수염이 매력 포인트. 생생한 과학 수업을 하기 위해 물불을 가리지 않는다.

장하다 장해!
장하다

- 체력 ★★★★★
- 지력 ★
- 감성 ★★★★
- 호기심 ★★★★★
- 유머 ★★★★

'튼튼하게만 자라 다오.'라는 아버지의 소원대로 튼튼하게 자랐다. 성격은 일등, 성적은 비밀이다. 시험을 못 봐도 씩씩하고 엉뚱한 질문으로 수업에 활력을 준다.

오늘도 나선다!
나선애

- 체력 ★★★★
- 지력 ★★★★
- 감성 ★★★
- 호기심 ★★★★★
- 유머 ★★★

과학자를 꿈꾸는 우등생. 공부도 잘하고 아는 게 많아서 모든 일에 앞장서는 타입이다. 겉으로는 차가워 보이지만 내심 따뜻한 면도 가지고 있다. 전혀 티가 안 나서 그렇지.

잘난 척 대장
왕수재

- 체력 ★★★
- 지력 ★★★★
- 감성 ★
- 호기심 ★★★★★
- 유머 ★

세상에서 자기가 제일 잘난 줄 안다. '천재는 외로운 법이고 질투의 대상인 법'이라나. 친구들에게 깐족거리는 데에도 천재적이다. 그래도 수업에는 늘 적극적으로 참여한다.

낭만 가득
허영심

체력 ★★★★★
지력 ★★★
감성 ★★★★
호기심 ★★★★★
유머 ★★

감성이 풍부해도 너무 풍부하다. 떨어지는 낙엽이나 밤하늘의 별을 보며 눈물짓고, 조그만 벌레와 대화를 나누는 사차원 성격. 하지만 누구보다 정이 많고 낭만적이다.

과학반 귀염둥이
곽두기

체력 ★★★
지력 ★★★★
감성 ★★★★
호기심 ★★★★★
유머 ★★★★

형과 누나들의 귀여움을 독차지하는 과학반 막내. 나이도 가장 어리고 타고난 동안이라 언뜻 보면 유치원생 같다. 훈장 할아버지 덕에 어려운 단어를 줄줄 꿰고 있다.

우리를 찾아봐!

수증기
물이 기체로 상태 변화한 거야. 눈에 보이지 않아.

구름
하늘에 작은 물방울이나 빙정이 모여서 만들어진 거야.

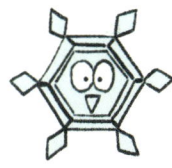

빙정
구름 속 물방울이 얼어서 생긴 아주 작은 얼음 알갱이야.

작은 물방울
수증기가 액체로 상태 변화하여 생기는 거야. 구름을 이루지.

우박
하늘에서 내리는 얼음 덩어리야. 크기가 다양하고 속에 나이테 무늬가 있어.

비
하늘에서 물방울이 떨어지는 현상이야. 우리나라와 열대 지방은 비가 내리는 과정이 달라.

1교시 | 물의 순환

물고기 비가 내리는 까닭은?

도로에 웬 물고기지?

혹시 하늘에서 떨어진 거 아냐?

"내가 어제 역사 공부를 하다가 재미있는 걸 발견했어."

나선애의 말에 아이들이 귀를 쫑긋 세우고 하던 일을 멈췄다.

"뭔데?"

"글쎄, 신라 시대 경주에 물고기 비가 내렸다지 뭐야."

"엥? 물고기 비? 하늘에서 물고기가 비처럼 떨어졌다는 거야?"

"맞아. 신기한 일이지?"

"물고기 비라니. 무슨 말도 안 되는 소리야? 과학적으로 그런 게 가능할 리 없잖아."

때마침 용선생이 교실로 들어왔다.

"무슨 이야기를 그렇게 심각하게 하고 있니?"

물고기 비가 내린 지역의 비밀

"선생님, 물고기 비가 정말로 있어요?"

"그럼 있지."

"상상이 안 돼요."

"하하, 잘 들어 봐. 물고기 비는 비에 물고기가 섞여 떨어지는 현상이야. 2005년 미국 샌디에이고와 2015년 스리랑카 서쪽 바닷가 마을, 그리고 2016년 인도 뭄바이에서도 물고기 비가 내렸어."

"정말요? 어떻게 해서 그런 말도 안 되는 일이 일어나는 거예요? 설마 구름 속에서 물고기들이 헤엄이라도 치고 다니는 건가요?"

곽두기가 어리둥절한 표정으로 물었다.

"물고기 비는 과학적 원리로 설명할 수 있는 현상이야."

용선생은 세계 지도를 꺼내 실험대 위에 쫙 펼쳤다.

"아까 물고기 비가 내렸다는 곳을 지도에서 찾아 표시해 보렴."

아이들은 지도에 달려들어 열심히 위치를 찾았다.

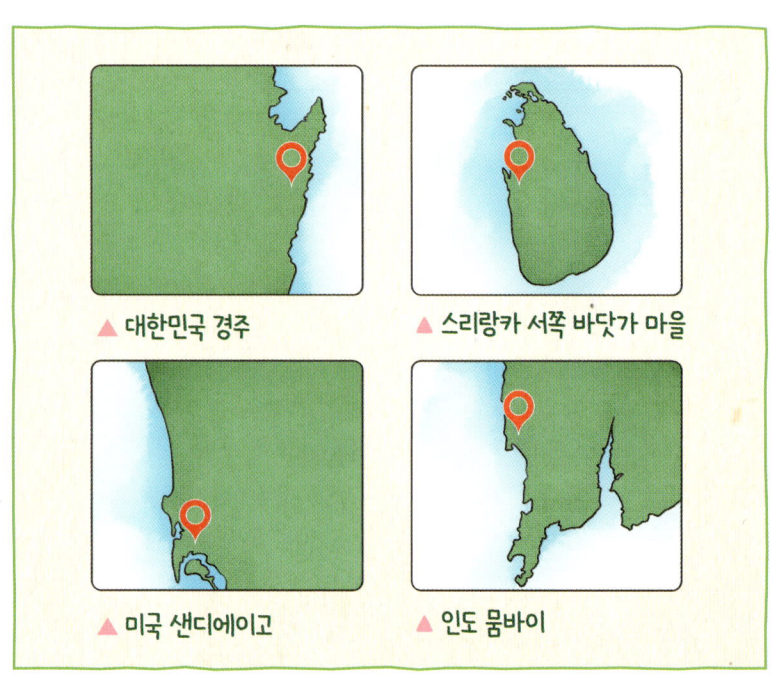

▲ 대한민국 경주　　▲ 스리랑카 서쪽 바닷가 마을
▲ 미국 샌디에이고　　▲ 인도 뭄바이

"휴, 다 했어요."

"그럼 지도에 표시한 각 지역의 공통점을 찾아볼래?"

잠시 시간이 흐른 뒤 나선애가 작은 목소리로 말했다.

"혹시……. 모두 바다 근처라는 걸까요?"

나선애의 말에 아이들이 "아, 그러네." 하며 맞장구를 쳤다.

"하하, 잘 찾아냈어. 그런데 말이야, 바다에서 사는 물고기가 어떻게 육지로 떨어진 걸까?"

"그야 바다가 가까우니까 물고기가 이렇게 펄쩍 뛰

어오른 게 아닐까요?"

장하다의 말에 허영심이 한심하다는 듯이 말했다.

"장하다. 너도 말 안 되는 거 알지?"

"선생님, 그러지 말고 힌트 좀 주세요."

핵심정리

물고기 비는 비에 물고기가 섞여 떨어지는 현상이야. 주로 바다 근처 지역에서 일어나.

물고기 비가 내린 까닭

"좋아, 아주 중요한 힌트를 주지. 너희 혹시 용오름이라는 현상을 들어 본 적 있니? 우리나라 동해에서도 가끔 일어나는 현상이라 한 번쯤 들어본 적 있을 거야."

"용오름? 들어본 적 있는데……. 아! 용이 하늘로 올라가는 뭐 그런 거였던 것 같아요."

"하하, 두기가 제법인걸? 옛날 사람들은 용오름의 정체를 몰랐기 때문에 용이 하늘로 올라갈 때 생기는 것으로 생각했지. 하지만 사실 용오름은 바다 위에서 토네이도가

▲ 용오름

생기는 현상이야."

용선생은 용오름 사진을 띄웠다.

"토네이도는 넓고 평평한 육지나 바다에서 생기는 아주 강한 회오리바람을 말하지. 보통 깔때기 모양으로 빠르게 움직이지만, 오래가지는 않아."

"토네이도라면 오즈의 마법사에 나온 거죠? 자동차나 소도 빨려 올라가던 바람이요."

"그렇지. 토네이도는 그 정도로 바람이 아주 강하단다. 이렇게 강한 용오름 현상이 바다에서 일어나면 어떤 일이 벌어질까?"

"흠. 일단 바닷물이 빨려 올라갈 테고……. 아하, 물고기도 함께 빨려 올라갈 수 있겠네요."

"맞아. 강한 용오름이 생기면 물고기도 하늘로 빨려 올라갈 수 있어. 그런데 물고기들이 떨어진 곳은 모두 육지니까 위로 올라간 물고기들을 육지 쪽으로 이동시켜 주는 무언가가 있어야 하겠지? 용오름 사진을 다시 한번 자세히 보면서 무엇을 발견할 수 있는지 이야기해 볼까?"

"음……. 먹구름이 엄청나게 커 보여요."

"그리고 용오름 위쪽이 구름과 연결되어 있어요."

"모두 잘 찾았어. 물고기 비는 구름이 중요한 역할을 해. 용오름에 빨려 올라간 물고기들이 구름에 들어가고, 구름과 함께 이동하다가 비가 내릴 때 땅으로 떨어져."

그때 나선애가 물었다.

"그런 식으로 물고기 비가 내린다고 해도 이상한 점이 있어요. 어떻게 구름 속에 물고기가 떠 있을 수 있어요?"

"좋은 질문이야. 용오름이 나타날 때 생기는 커다란 구름 속에는 위로 올라가는 공기 흐름이 매우 강해서 물고기가 한동안 공중에 떠 있을 수 있단다. 하지만 오랫동안 계속 떠 있을 순 없어. 그래서 바다와 가까운 지역에 비와 함께 떨어지는 거지."

> **핵심정리**
>
> 물고기 비는 용오름 때문에 구름 속으로 빨려 올라간 물고기들이 구름과 함께 이동하다가 비가 내릴 때 땅으로 떨어지는 현상이야.

물은 돌고 돌아

용선생은 잠시 목을 가다듬고 말을 이었다.

"그런데 물고기 비가 내리는 과정을 통해 중요한 사실을 알 수 있어. 용오름에 물고기가 빨려 올라갈 때 바닷물도 함께 빨려 올라갈 텐데, 이 바닷물은 어떻게 될까?"

"그야…… 물고기와 함께 구름을 타고 이동하다가 비가 되어 육지로 떨어지겠죠."

"맞아. 그 말은 물고기 비가 내린 지역의 빗물이 바다에서 왔다는 뜻이겠지? 이처럼 물고기 비를 보면 땅에 내리는 비가 바다에서 왔다는 사실을 알 수 있어. 하지만 평소에도 바닷물은 꾸준히 공기 중으로 올라가고 있어. 눈에 보이진 않지만 말이야."

"어떻게 올라가는데요?"

"바로 증발에 의해서지. 바닷물이 증발하면 수증기가 되는데, 이렇게 공기 중으로 올라간 수증기는 구름이 되어서 비를 내려. 그렇다면 물고기 비가 내린 후에 물고기와 물은 어떻게 될까?"

"육지로 떨어진 물고기는 사람들이 치우겠죠? 깨끗한 물고기는 맛있게 구워 먹을 수도 있고요. 헤헤."

"그럼 비로 내린 물은?"

"물은 낮은 곳으로 흘러서 개울이나 강으로 들어가겠죠."

"맞아. 강물은 다시 바다로 흘러가. 지금까지 이야기한 내용을 그림으로 나타내 보자."

용선생은 새로운 그림을 떠올렸다.

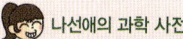

나선애의 과학 사전

증발 물과 공기가 만나는 부분에서 액체인 물이 기체인 수증기로 변하는 현상이야. 빨래가 마르거나 젖었던 땅이 마르는 게 증발이야.

수증기 기체 상태의 물이야. 수증기는 눈으로 볼 수 없어.

"화살표로 물이 이동하는 방향을 표시했어. 먼저 물이 증발하는 곳을 찾아볼까? 그림에서 위로 향하는 빨간색 화살표를 찾으면 돼."

"아하! 일단 바다, 강, 호수에서 증발이 일어나요."

"나무랑 산에서도 수증기가 생겨요!"

"그렇지. 이렇게 생겨난 수증기는 하늘 높이 올라가서 구름이 된단다. 구름은 바람을 타고 이리저리 움직이다가 육지나 바다에 비를 내리지. 바다에 내린 비는 다시 바닷물이 되고, 육지에 내린 비는 조금 복잡한 과정을 거쳐."

"하나도 안 복잡한데요? 육지에 내린 비는 강물이 되어

 용선생의 과학 현미경

나무는 뿌리에서 흡수한 물을 잎 뒷면에 있는 작은 구멍을 통해 수증기로 내보내. 또 아주 높은 산에는 얼음이 얼어 있는데, 이 얼음이 곧바로 수증기로 변하는 현상이 일어나기도 한단다.

바다로 흘러가잖아요."

"맞아. 하지만 놓친 게 하나 있어. 바로 지하수야. 육지에 내린 비는 땅속으로 스며들어 지하수가 되기도 해."

"아하! 지하수도 결국 바다로 흘러 들어가는군요."

"그렇지. 비로 내린 물은 모두 다시 바다로 돌아간단다. 그러면 또다시 바다에서 증발이 일어나면서 구름이 생기고 비가 내리는 일이 반복되는 거지. 이렇게 지구상의 물은 기체인 수증기와 액체인 물 등으로 상태를 바꾸면서 계속 돌고 돌아. 이런 과정을 '물의 순환'이라고 해."

모두 고개를 끄덕이는데 장하다가 손을 번쩍 들었다.

"선생님! 여기에서 제일 가까운 바다가 어디죠?"

"그건 왜?"

"물고기 비가 내리는 걸 기다려 보려고요. 과학 공부도 하고 물고기도 잡고 완전 일석이조잖아요."

"어이쿠, 물고기 비는 아주 드물게 일어나는 일이라 그건 좀 어려울 것 같은데?"

"에이, 좋다 말았네요."

핵심정리

지구에 있는 물이 상태를 바꾸면서 계속 돌고 도는 과정을 물의 순환이라고 해.

나선애의 정리노트

1. 물고기 비
  ① 용오름 때문에 구름 속에 올라간 물고기들이 ⓐ [　　] 과 함께 이동하다가 비가 내릴 때 땅으로 떨어진 것
  ② 육지에 내리는 비가 바다에서 왔다는 사실을 알 수 있음.

2. 물의 순환
  • 지구상의 물이 상태를 바꾸면서 계속 돌고 도는 과정

  ① ⓑ [　　], 강, 호수, 나무, 산 등에서 물이 증발함.
  ② 증발한 물은 하늘 높이 올라가 ⓒ [　　] 이 됨.
  ③ 구름은 바람을 타고 이동함.
  ④ 육지나 바다에 비가 내림.
  ⑤ 바다에 내린 비는 ⓓ [　　] 이 됨.
  ⑥ 육지에 내린 비는 강물이나 ⓔ [　　] 가 됨.
  ⑦ 강물과 지하수는 바다로 흘러감.
  ⇨ ①~⑦의 과정이 계속 반복됨.

ⓐ 바다 ⓑ 바다 ⓒ 구름 ⓓ 바닷물 ⓔ 지하수

과학퀴즈 달인을 찾아라!

●정답은 113쪽에

01

친구들이 이번 시간에 배운 내용에 대해 이야기하고 있어. 옳으면 O, 옳지 않으면 X를 표시해 줘.

① 우리나라에도 물고기 비가 내린 적이 있어. (　　)
② 물고기 비는 용오름이 육지로 이동하면서 생기는 거야. (　　)
③ 물고기 비는 물의 순환 때문에 일어나는 현상이지. (　　)

02

다음 문장 속 괄호에 들어갈 말을 순서대로 이으면 어떤 모양이 나온대. 정답을 찾아서 어떤 모양이 나오는지 확인해 봐.

> 바다에서 생겨난 수증기는 하늘 높이 올라가서 (　　)이 되었다가 육지나 바다에 비를 내린다. 바다에 내린 비는 다시 (　　)이 된다. 육지에 내린 비는 강물이 되거나, (　　)가 된 뒤 다시 (　　)로 흘러간다.

출발/도착

구름　　　바다

바닷물　　　지하수

| 용선생의 과학 카페 | 용선생의 한국사 카페 | 용선생의 세계사 카페 | |

https://cafe.naver.com/yongyong

용선생의 과학 카페

과학계의 핵인싸,
용선생의 과학 카페에
오신 걸 환영합니다.

Log in

 MENU

물리면 아프다
화학이 화하하
생물 오징어
지구는 둥글다

비나 눈이 내린 양은 어떻게 잴까?

비는 지구의 물이 순환하는 과정 중의 하나야. 땅에 내린 비는 강이나 지하수를 거쳐 바다로 흘러가. 하지만 비가 내리는 양은 지역이나 시간에 따라 달라. 그러다 보니 비가 적게 내리는 지역은 가뭄이 들기도 하고, 비가 많이 내리는 지역은 홍수가 나기도 하지. 그래서 지역마다 비가 얼마나 내리는지 정확히 알 필요가 있어.

비가 내리는 양을 표현할 때 강우량이라는 말도 쓰고 강수량이라는 말도 써. 또 가끔 강설량이라는 말도 나오지. 각각 뭐가 다른 걸까? 강우량은 내릴 강(降), 비 우(雨) 자를 써서 비가 온 양, 강설량은 내릴 강(降), 눈 설(雪) 자를 써서 눈이 온 양을 말해. 강수량은 내릴 강(降), 물 수(水) 자를 써서 말 그대로 하늘에서 떨어진 물의 양을 다 더한 거지. 여기에는 비, 눈, 우박 등이 모두 포함돼.

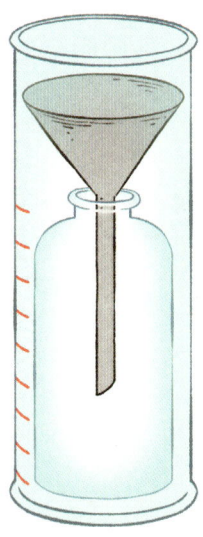 

▲ 우량계의 구조　　▲ 야외에 설치된 우량계

강수량을 재는 도구를 우량계라고 하는데, 주로 원통 모양 그릇이야. 요즘에는 깔때기를 추가해서 빗물이 증발하는 것을 막기도 하지. 강수량을 재는 방법은 간단해. 비가 오면 빗물을 모았다가 그 높이를 잰단다. 눈이나 우박은 다 녹은 뒤에 물의 높이를 재.

그런데 왜 빗물의 양이 아니라 높이를 잴까? 운동장에 비가 내릴 때 각자 다른 모양의 그릇을 우량계로 쓴다고 생각해 봐. 똑같은 양의 비가 와도 우량계의 모양과 크기에 따라 그릇에 담긴 물의 양이 달라질 거야. 하지만 그릇에 담긴 물의 높이는 모두 같지.

그래서 비를 받은 다음 빗물의 높이를 재서 비가 온 양을 나타내는 거야. 이때 단위는 mm(밀리미터)를 사용한단다.

- 장하다의 오답을 피하는 방법
- 나선애의 야무진 실험실
- 왕수재의 아는 척 과학교실
- 허영심의 별 헤는 밤
- 곽두기의 빅뱅 따라잡기

▲ 그릇마다 빗물의 양은 달라도 높이는 모두 같아.

COMMENTS

- 우리 우량계 만들어 보자.
  - 좋아. 내가 깡통을 준비하지.
  - 깔때기는 내가!
  - 제일 중요한 자가 빠진 거 같은데?

2교시 | 습도의 중요성

인형의 집으로 날씨를 안다고?

이걸로 날씨를 알 수 있대.

도대체 어떻게?

교과연계

초 5-2 날씨와 우리 생활
중 3 기권과 날씨

날씨에 따라 인형이 움직이거든.

네? 그게 가능해요?

습도의 중요성

1. 물의 순환
2. 습도의 중요성
3. 건습구 습도계
4. 구름의 이름
5. 구름의 구성과 발생
6. 우박과 비

"나, 이거 선물 받았다! 삼촌이 독일에서 사다 주셨어."

허영심의 말에 아이들이 허영심 주위로 몰려들었다.

"우아! 이 안에 인형이 들어 있어!"

"너는 아직도 인형을 갖고 노냐?"

"아니, 이건 평범한 인형의 집이 아니야. 삼촌이 그랬는데, 여기 있는 인형이 날씨를 알려 준대."

"그래? 인형이 어떻게 날씨를 알려 줘?"

"그건 나도 몰라. 어쨌든 엄청 과학적인 거라고 했어."

"에이, 그냥 평범한 인형의 집 같은데?"

"그러면 선생님께 물어보자. 과학적인 건지, 아니면 그냥 인형의 집인지 말이야."

"좋아!"

인형이 움직이는 까닭

"선생님, 영심이 삼촌이 독일에서 선물로 사 온 인형의 집인데요, 이걸로 날씨를 알 수 있어요?"

"하하. 이건 인형의 집이 아니라 날씨 하우스라는 거야. 이름 그대로 날씨를 알려 주는 집이라는 뜻이지. 날씨에 따라 인형이 움직이거든."

"날씨 하우스요? 인형이 날씨에 따라 움직인다는 게 말이 돼요? 무슨 원리로 그렇게 되는데요?"

"인형이 움직이는 원리는 아주 간단해. 언뜻 봐서는 눈에 잘 띄지 않지만 이 안에 비밀 장치가 숨겨져 있어. 너희들이 한번 직접 찾아볼래?"

아이들은 날씨 하우스 주변에 몰려들었다. 잠시 후 왕수재가 소리쳤다.

"여기 뭔가 있어!"

"뭔데, 뭔데?"

"음⋯⋯. 인형 아래쪽 막대에 검은색 실 같은 게 칭칭 감겨 있는데?"

그 말을 들은 용선생이 기다렸다는 듯이 말했다.

> **용선생의 과학 현미경**
>
> 날씨 하우스의 원래 이름은 'weather house'야. 독일, 스위스 등의 전통 공예품이야.

"오호, 예리한데? 그건 바로 머리카락이야. 날씨 하우스의 과학적인 원리가 거기에 숨어 있지."

"네? 머리카락에 과학적 원리가 숨어 있다고요?"

"그렇단다. 머리카락은 '습도'에 따라 길이가 달라지는데, 바로 그걸 이용하는 거야."

"습도요? 일기 예보에서 들어 본 것 같기는 한데, 정확히 무슨 뜻이에요?"

"습도는 공기 중에 수증기가 얼마나 많은지를 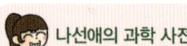로 나타낸 거야. 보통 습도가 높으면 축축한 느낌이 들고 습도가 낮으면 푸석푸석한 느낌이 나지."

"아하, 그게 습도 때문이었군요!"

"또 습도가 높을 때 '공기가 습하다.'라고 표현하고, 습도가 낮을 때 '공기가 건조하다.'라고 표현한다는 것도 알아두렴."

"네! 그런데 궁금한게 있어요. 머리카락은 왜 습도에 따라 길이가 달라져요?"

"그건 머리카락이 공기 중의 수증기를 잘 빨아들이기 때문이야. 습도가 높으면 머리카락이 수증기를 빨아들여서 더 굵고 길어지지."

"우아! 머리카락에 그런 성질이 있다니!"

> **나선애의 과학 사전**
>
> 수치 셀 수(數) 값 치(値). 계산하여 얻은 값을 말해.

▲ **공기가 습할 때** 머리카락이 늘어나면서 회전봉이 시계 방향으로 돌아가. 그러면 남자 인형이 집 밖으로 나와.

▲ **공기가 건조할 때** 머리카락이 줄어들면서 회전봉이 반시계 방향으로 돌아가. 그러면 여자 인형이 집 밖으로 나오지.

"머리 감을 때 머리카락 길이가 정말로 달라지는지 확인해 봐야겠어요."

허영심이 머리를 넘기며 말했다. 그러자 다른 아이들도 "나도, 나도." 하며 맞장구를 쳤다.

"하하! 좋은 생각이네."

용선생은 잠시 숨을 고르고 말을 이었다.

"이러한 머리카락의 성질을 이용해서 사람들은 좀 더 정교한 장치를 발명했어. 바로 모발 습도계야. 습도에 따라 머리카락의 길이가 변하는 걸 이용해 습도를 바로 알 수 있는 장치지."

용선생은 새로운 그림을 띄웠다.

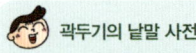

곽두기의 낱말 사전

모발 보통은 머리카락을 말하고, 넓은 의미로는 사람 몸에 난 털 모두를 뜻해.

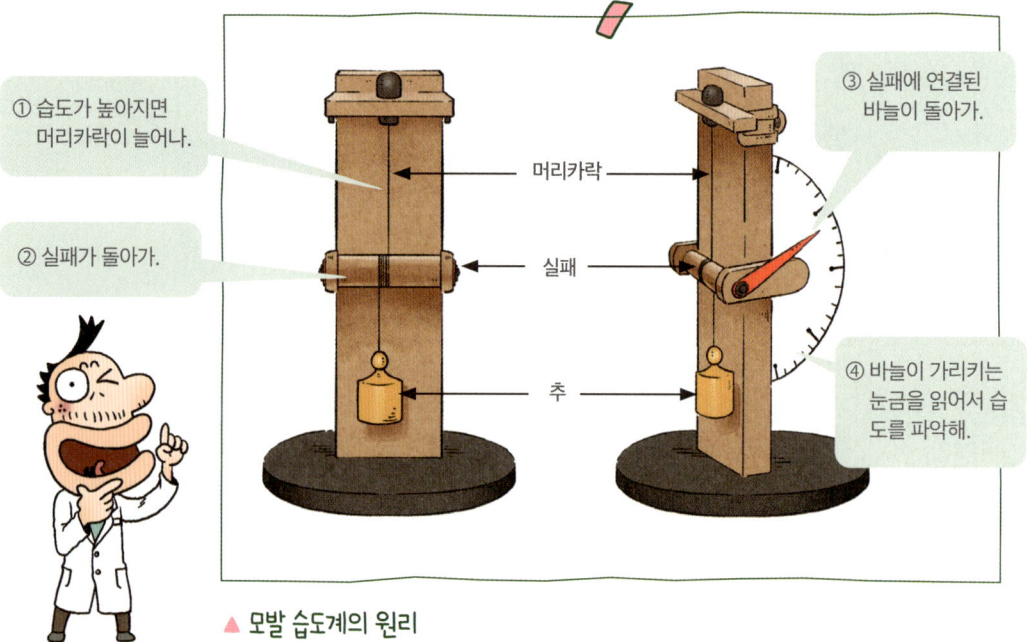

▲ 모발 습도계의 원리

"습도가 높아지거나 낮아지는 것에 따라 머리카락의 길이가 달라지면 실패와 바늘이 돌아가서 습도가 얼마인지 알 수 있지."

"근데 날씨 하우스로 날씨를 알 수 있다던데, 그 말이 맞아요? 설명을 듣고 보니, 날씨 하우스로는 습도가 높은지 낮은지 정도만 알 수 있을 것 같은데요. 모발 습도계도 그렇고요."

나선애의 질문에 용선생이 고개를 끄덕였다.

"선애 말이 맞아. 날씨 하우스나 모발 습도계로 모든 날씨를 정확히 알 수는 없어. 옛날 사람들은 습도가 높으면 비가 온다고 생각했는데, 항상 그런 건 아니거든."

"그런데도 왜 그런 장치를 만든 거예요?"

"모발 습도계가 처음 만들어진 건 18세기인데, 그때는 아직 날씨 변화에 대해 사람들이 잘 알지 못했어. 그저 습도가 높아지면 구름이 많이 생기고 비가 내릴 때가 많다는 정도만 경험을 통해 알고 있었지. 그래서 습도를 통해 날씨 변화를 조금이라도 알아보려고 모발 습도계를 만든 거야. 날씨 하우스도 마찬가지란다."

아이들은 모두 고개를 끄덕였다.

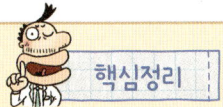

핵심정리

습도는 공기 중에 수증기가 얼마나 많은지를 수치로 나타낸 거야. 습도가 높을수록 머리카락이 길어지는 성질을 이용해 습도를 알 수 있어.

# 습도를 왜 알아야 할까?

용선생의 말을 듣던 장하다가 투덜대듯이 말했다.

"어휴, 습도로 날씨를 정확히 알 수 있는 게 아니라면 습도를 굳이 알 필요가 있을까요?"

"습도는 꼭 날씨가 아니더라도 우리 생활에 많은 영향을 미쳐. 그래서 습도를 알면 좋은 점이 많단다."

"어떤 게 있는데요?"

"아까 머리카락이 습도에 따라 굵기와 길이가 변한다고 했지? 나무도 마찬가지야. 나무가 수증기를 빨아들이면 모양이 조금씩 변하고 심하면 곰팡이가 생기기도 해. 그러니까 집에 나무로 만든 가구가 많다면 습도를 미리미리 확인하고, 습도가 높아진다 싶으면 여러 가지 방법으로 습도를 낮추는 게 좋겠지?"

"그렇군요. 습도가 얼마인지 알 필요가 있겠네요."

"가구뿐만이 아니라 나무로 만들어진 물체들은 모두 습도에 영향을 받아. 나무로 만들어진 물체에는 또 어떤 게 있을까?"

"기타나 바이올린 같은 악기도 나무로 만들어요."

"종이도 나무로 만들잖아요. 그러니까 책도 영향을 받지 않을까요?"

"맞아. 특히 악기는 모양이 조금만 변해도 소리가 달라지기 때문에 항상 알맞은 습도를 유지해야 해. 그리고 책이 많이 보관된 도서관에서도 습도 조절에 항상 신경을 쓴단다. 또 습도가 높으면 쇠붙이에 녹이 쉽게 슬고, 음식물이 상하기도 쉬워지지."

"와, 습도의 영향을 받는 것들이 정말 많네요."

 핵심정리

습도가 높으면 나무로 만든 가구, 악기, 종이 같은 물체들의 모양이 변하고, 심할 경우 곰팡이가 생길 수도 있어. 또, 쇠붙이가 쉽게 녹슬고, 음식물이 상하기도 쉬워.

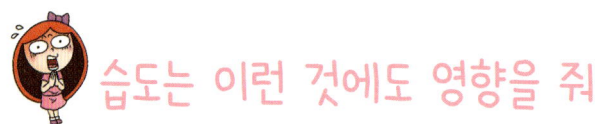 습도는 이런 것에도 영향을 줘

"그럼 습도가 낮은 게 좋은 거네요?"

"습도가 낮다고 해서 무조건 좋은 것도 아니야. 예를 들어, 습도가 낮으면 나무가 바짝 말라서 불이 붙기 쉽거든. 그래서 건조한 겨울철에 산불을 조심해야 해."

아이들이 고개를 끄덕였다.

"그런데 습도가 주는 영향은 이게 다가 아니란다. 습도에 따라 우리 몸도 영향을 많이 받아. 예를 들어, 습도가 낮으면 감기에 걸리기 쉽고, 피부도 푸석푸석해지지. 반대로 습도가 높으면 곰팡이나 진드기가 많이 생겨서 알레르기가 심해질 수 있어. 또 땀이 잘 마르지 않으니까 불쾌지수도 높아지지."

"습도가 너무 낮아서도, 높아서도 안 되는군요."

"맞아. 그래서 우리가 생활하기 좋도록 습도를 맞춰야 해. 온도에 따라 달라지기는 하는데 18~20℃ 정도에서는 습도가 60%인 게 가장 편안한 느낌을 준대. 기분 좋은 봄철 날씨가 이 정도 습도라고 생각하면 될 거야."

"아하, 그렇군요. 그런데 습도를 조절하고 싶으면 어떻게 해야 해요?"

 용선생의 과학 현미경

감기 바이러스는 건조한 공기에서 더 오래 살아남을 수 있어. 게다가 더 오래 떠다닐 수도 있지. 공기가 건조하면 우리 몸의 방어막인 피부와 점막도 약해져서 감기 바이러스가 들어오기 쉬워져.

 곽두기의 낱말 사전

불쾌지수 온도와 습도에 따라 느끼는 불쾌감을 숫자로 나타낸 거야.

 나선애의 과학 사전

%(퍼센트) 전체 양을 100으로 놓고, 생각하는 양이 전체 양 중 얼마나 차지하는지 나타낸 것을 백분율이라고 해. 백분율의 단위가 %(퍼센트)야.

▲ 습도를 높이는 방법

▲ 습도를 낮추는 방법

 "간단해. 습도를 높이고 싶다면 젖은 빨래를 걸어두거나, 가습기를 틀면 되지. 또 습도를 낮추고 싶으면 제습기를 틀거나 제습제를 사용하면 돼."

 "오, 아주 간단하네요."

 "이쯤에서 습도랑 관련된 재미있는 현상을 하나 알아볼까? 야구 좋아하는 사람?"

 "저요! 저요! 좀 전에도 야구를 하고 왔어요."

"저는 리틀 야구단에서 투수를 맡고 있어요. 비록 후보이지만요."

아이들이 목소리를 높여 말했다.

"그렇다면 다들 야구공이 어떻게 생겼는지는 잘 알겠구나? 야구공 겉면은 천연 가죽으로 감싸져 있어. 그런데 천연 가죽은 수증기를 잘 흡수하는 성질이 있단다. 습도가 높은 날에는 천연 가죽이 수증기를 많이 흡수해서, 공이 무거워져. 그래서 공을 빠르게 던지기 어렵지."

"앗! 그러면 습한 날에는 직구를 던지면 안 되겠어요. 직구는 빠른 게 생명인데."

"맞아. 대신에 천연 가죽이 수증기를 흡수하면 말랑말랑해져서 가죽과 손가락이 착 달라붙는 효과가 생기지. 그래서 변화구를 던지기 쉬워져."

"오호! 다음번에는 습도를 미리 확인해서 습도가 높으면 변화구 위주로 던지고, 습도가 낮으면 직구로 승부를 봐야겠어요."

"어휴, 그전에 후보부터 탈출하시지."

장하다와 허영심이 티격태격하자 용선생이 둘을 말리며 말을 이었다.

"습도는 자연 현상에도 큰 영향을 줘. 새벽에 풀

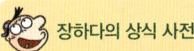

장하다의 상식 사전

변화구 야구공을 던졌을 때 공이 날아가는 방향이 변하는 것을 말해. 변화구를 던지려면 공을 던지는 순간 공을 빠르게 돌려야 하기 때문에 손가락과 공이 착 달라붙을수록 좋아.

▲ 이슬

▲ 안개

잎에 맺힌 이슬이나 호수에 자욱하게 낀 안개도 습도가 높은 날 생기는 현상이야."

"우아! 습도 때문에 일어나는 일이 생각보다 많네요. 앞으로는 습도에 좀 더 관심을 가져야겠어요."

"그렇지?"

아이들이 갑자기 허영심 주위로 몰려들었다.

"영심아, 날씨 하우스 한 번만 더 보여 줘. 설명을 다 듣고 나니 날씨 하우스가 다르게 보여."

"맞아. 날씨 하우스가 그렇게 과학적인 건지 몰랐어."

"자, 여기. 이제라도 알았으니 됐어."

 핵심정리

습도는 우리 몸, 스포츠, 날씨 등 우리 생활에 많은 영향을 미쳐. 습도는 너무 높아서도 낮아서도 안 돼.

나선애의 정리노트

1. 습도
① 공기 중에 ⓐ_____ 가 얼마나 많은지 나타낸 수치
② 습도가 높으면 축축한 느낌이 들고, 습도가 낮으면 건조한 느낌이 듦.

2. 습도에 따른 머리카락의 변화
① 습도가 높아지면 머리카락이 길어짐.
② 이 원리를 이용한 날씨 하우스나 모발 습도계 같은 장치로 습도를 알 수 있음.

3. 습도와 우리 생활

습도가 높으면	습도가 낮으면
• ⓑ_____ 로 만든 물건들(가구, 악기, 책 등)의 모양이 변하거나 상함. • ⓒ_____ 가 쉽게 녹슮. • 알레르기가 심해짐. • 불쾌지수가 올라감.	• ⓓ_____ 이 나기 쉬움. • ⓔ_____ 에 걸리기 쉬움. • 피부가 푸석푸석해짐.

ⓐ 수증기 ⓑ 나무 ⓒ 쇠붙이 ⓓ 불 ⓔ 감기

 ## 과학퀴즈 달인을 찾아라!

●정답은 113쪽에

01

친구들이 이번 시간에 배운 내용에 대해 이야기하고 있어. 옳으면 O, 옳지 않으면 X를 표시해 줘.

① 도서관에서 책을 잘 보존하려면 공기가 건조해야 해. (   )
② 악기를 보관하는 방은 습도를 높이는 게 좋아. (   )
③ 습도가 높은 날에는 빠른 직구를 던지기 좋아. (   )

02

친구들이 기상청으로 현장학습을 가려고 해. 습도가 낮을 때 일어나는 일을 따라가면 길을 찾을 수 있대. 친구들이 길을 찾을 수 있게 도와줘!

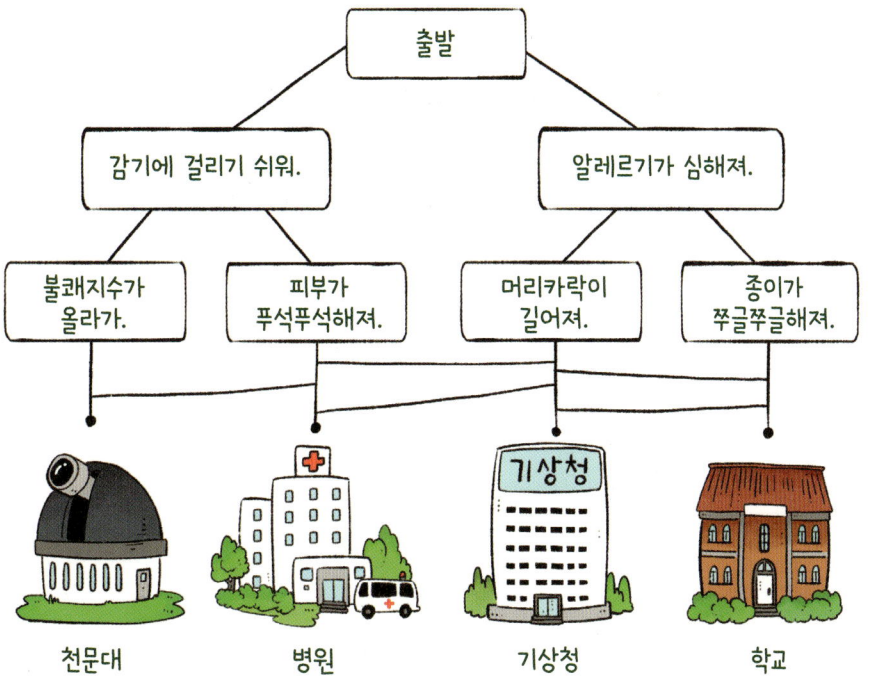

용선생의 과학 카페 | 용선생의 한국사 카페 | 용선생의 세계사 카페

   ← https://cafe.naver.com/yongyong

용선생의 과학 카페

과학계의 핵인싸,
용선생의 과학 카페에
오신 걸 환영합니다.

Log in

오늘은 어떤 재미난 지식을 올려 볼까?

MENU

물리면 아프다
화학이 화하하
생물 오징어
지구는 둥글다

알고 보면 신기한 지구의 물

지구 표면의 약 70%는 물이야. 그래서 우주에서 지구를 보면 육지보다는 바다가 더 많이 보이지. 하지만 지구에 있는 물을 모두 모아보면 그리 많지 않아.

2012년 미국 우즈홀 해양 연구소는 지구에 존재하는 모든 물을 공 모양으로 모으면 어느 정도 크기가 될지 계산해 봤어. 그 결과 물방울의 크기는 미국 땅 크기의 절반 정도밖에 되지 않았대. 그렇지만 이 적은 물이 존재하기에 지구는 생명체가 살 수 있는 곳이 되었지.

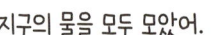
지구의 물을 모두 모았어.

그렇다면 지구에서 물은 어디에 어떤 모습으로 존재할까? 지구상에 있는 물의 약 97%는 바닷물이야. 나머지 3% 정도만 소금기가 없는 담수이지.

담수의 대부분은 빙하의 형태이고, 땅속에 있는 지하수가 그다음으로 많아. 결국 담수 중에서도 강이나 호수처럼 땅 위에 드러나 있어 우리가 바로 사용할 수 있는 물은 약 0.03%밖에 되지 않아. 더 놀라운 건 공기 중에 있는 수증기는 지구 전체 물의 0.001%밖에 안 된다는 거야.

이렇게 적은 수증기가 구름을 만들기도 하고, 습도를 결정하기도 한다니 무척 놀랍지?

- 장하다의 오답을 피하는 방법
- 나선애의 야무진 실험실
- 왕수재의 아는 척 과학교실
- 허영심의 별 헤는 밤
- 곽두기의 빅뱅 따라잡기

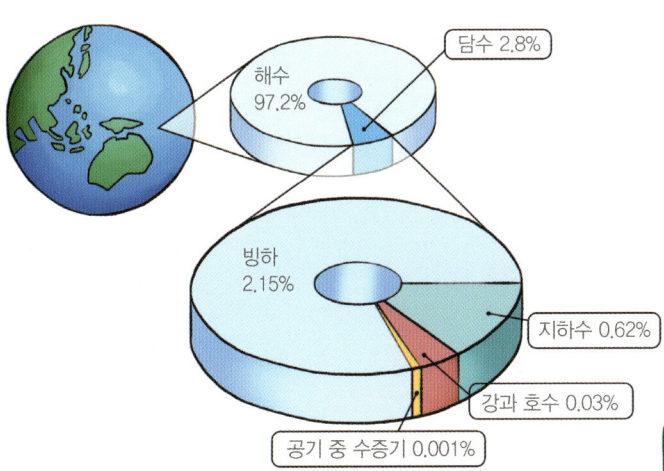

▲ 지구의 물 분포

COMMENTS

🙂 빙하를 녹여서 마실 물로 쓰면 되지 않나?
└ 🙂 옳소!
🙂 환경을 보호해야지.
└ 🙂 북극곰을 살립시다!

교과연계

초 5-2 날씨와 우리 생활
중 3 기권과 날씨

좋은 방법이 있지!

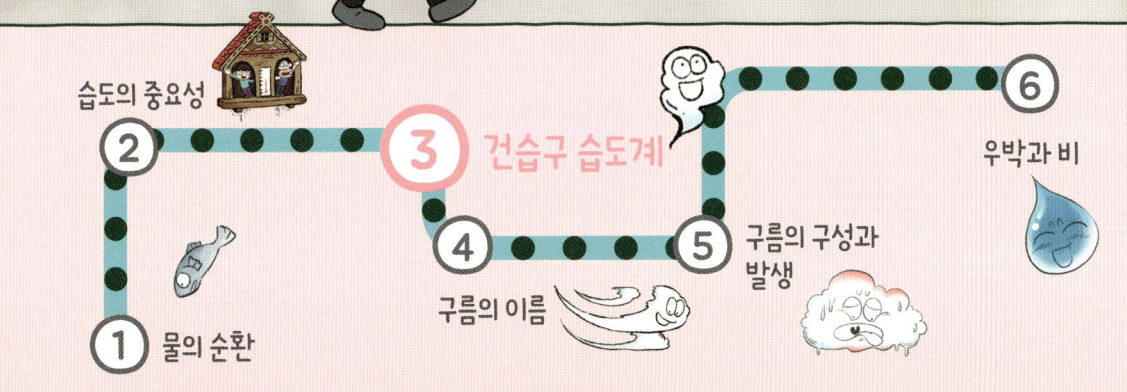

① 물의 순환
② 습도의 중요성
③ 건습구 습도계
④ 구름의 이름
⑤ 구름의 구성과 발생
⑥ 우박과 비

"과학실에 제습기가 들어온 다음부터 과학실이 참 뽀송뽀송해진 것 같지 않아? 밖에 이렇게 비가 오는데도 과학실 안은 건조하잖아."

"누나도 느꼈어? 그래서 나도 요즘 과학실에 오는 게 좋아."

허영심과 곽두기의 대화를 듣던 나선애가 말했다.

"과학실이 이전보다 좀 더 뽀송뽀송해진 느낌이긴 한데, 과학실의 습도를 정확히 확인해 볼 수는 없을까?"

 **습도계를 소개합니다**

"다들 창가에서 뭐 하니? 오늘도 즐거운 과학 수업을 시작해야지. 어서 자리에 앉으렴."

용선생이 과학실에 들어오자 나선애가 물었다.

"선생님, 지금 과학실 습도가 얼마인지 정확히 확인할 방법은 없나요?"

"있지, 왜 없어?"

"어떻게 확인해요? 온도는 온도계를 보면 바로 알 수 있는데 습도는 어떻게 확인해야 하는지 모르겠어요."

"온도를 잴 때 온도계를 쓰는 것처럼, 습도를 잴 때에는 습도계를 사용하면 돼."

"습도계요? 그런 게 있어요?"

"하하! 얘들아, 지난 시간에 알아본 모발 습도계 생각 안 나니?"

"아, 맞다. 그럼 모발 습도계 좀 빌려주세요. 과학실 습도가 얼마나 되는 재보게요."

"잠깐! 그것보다 더 정확한 습도계가 있지."

용선생은 실험실 한쪽에서 길쭉하게 생긴 장치를 들고 왔다.

"습도계를 소개할게. 이건 '건습구 습도계'라고 해. 습도계 중에 가장 많이 사용되는 거야."

아이들은 처음 보는 습도계에 몰려들었다. 습도계를 본 왕수재가 실망스러운 목소리로 말했다.

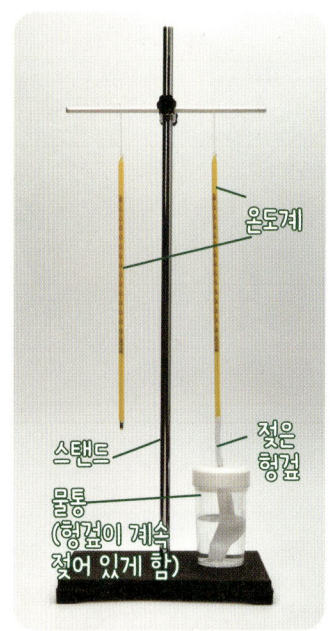

▲ 건습구 습도계

"에이, 그냥 온도계 두 개를 스탠드에 연결한 건데요?"

"그런데 오른쪽 온도계에는 왜 젖은 헝겊을 감아 놓은 거예요?"

용선생은 아이들을 다시 자리에 앉힌 뒤 말했다.

"하나씩 천천히 알아보자. 일단 너희가 관찰한 대로 이건 온도계가 맞아. 18세기에 과학자들은 온도계 두 개를 이용해 습도를 측정할 수 있는 원리를 발견했어. 그 원리로 만들어진 습도계가 바로 이 건습구 습도계야."

"그러니까요, 온도계로 습도를 어떻게 알아낼 수 있는데요? 온도계는 온도를 재는 거잖아요."

나선애의 질문에 왕수재가 나서며 대답했다.

"단순히 생각하면, 두 온도계에서 온도를 읽으면 습도를 알 수 있는 게 아닐까요?"

"일단 방법은 맞았어. 그러면 온도와 습도가 어떤 관계인지 차근차근 알아보자."

"네! 좋아요!"

습도계는 습도를 측정하는 장치야. 가장 많이 사용하는 습도계는 건습구 습도계로 온도계 두 개를 이용해.

 ## 온도계로 습도를 알 수 있다고?

"습도에 따라 여러 가지 현상이 일어날 수 있는데, 과학자들은 특별히 물이 증발하는 정도에 관심을 가졌어. 습도가 낮으면 증발이 잘 일어나고, 습도가 높으면 증발이 잘 일어나지 않는다는 사실을 알고 있었거든."

"그래요?"

"증발의 대표적인 예로 빨래가 마르는 경우가 있어. 생각해 봐. 비가 많이 오고 축축한 날보다는 날씨가 맑고 건조한 날에 빨래가 잘 마르지? 그건 습도가 높은 날보다 습도가 낮은 날 증발이 잘 일어난다는 사실을 보여주지."

"그야 잘 알고 있죠. 그런데 왜 물이 증발하는 정도가 습도에 따라 달라지는 거예요?"

"아주 좋은 질문이야. 그건 공기 중에 포함될 수 있는 수증기의 양이 정해져 있기 때문이야. 습도가 높다는 건 공기 중에 이미 수증기가 많이 포함되어 있다는 뜻이야. 따라서 습도가 높으면 공기에 수증기가 더 이상 포함되기 어려워서 증발이 잘 일어나지 않아."

 용선생의 과학 현미경

물이 증발하는 정도는 주변 환경에 따라 달라져. 햇빛이 강할수록, 공기가 건조할수록, 바람이 많이 불수록 증발이 잘 일어나.

▲ 공기에 수증기가 많은 상태

▲ 공기에 수증기가 조금 있는 상태

"아, 공기 중에 있는 수증기의 양에 따라 달라지는군요."

"맞아. 반대로 습도가 낮은 날에는 공기에 포함된 수증기가 적어. 그래서 수증기가 생기는 족족 공기 중에 포함될 수 있어서 증발이 잘 일어나."

"아하, 빨래 마르는 걸 생각해 보니 습도가 낮은 날 증발이 잘 일어나는 게 쉽게 이해돼요."

"좋았어. 그럼 물이 증발하는 곳의 온도는 어떻게 변할까? 예를 들어, 더운 여름날 손에 물이 묻었을 때를 생각해 보렴."

"아! 물이 마르면서 손이 시원하게 느껴져요."

나선애가 자신 있게 말했다.

"그렇지. 그것도 손에서 증발이 일어나는 거란다. 열이 있으면 물이 잘 증발할 수 있는데, 손에 묻은 물은 손바닥의 열을 받아서 증발하는 거야. 손은 열을 빼앗겼으니까 시원한 느낌이 들지. 시원한 느낌이 든다는 건 손의 온도가 낮아졌다는 뜻이겠지?"

"그렇다면 증발이 조금 일어나면 손의 온도가 조금 내려가고, 증발이 많이 일어나면 온도가 많이 내려가겠네요."

"맞아. 지금까지의 이야기를 종합해 보면, 공기가 건조할수록 증발이 많이 일어나고 증발이 일어난 부분의 온도가 많이 낮아져. 반대로 공기가 습하면 증발이 적게 일어나고 온도도 조금 낮아지지."

용선생은 아이들의 반응을 살핀 뒤 말을 이었다.

"그러니까 증발이 일어난 부분의 온도가 얼마나 낮아졌는지를 측정하면 지금 증발이 많이 일어났는지 적게 일어났는지 알 수 있어. 증발이 많이 일어났다면 공기가 건조한 거고, 증발이 적게 일어났다면 공기가 습한 거지."

핵심정리

습도가 낮을수록 증발이 많이 일어나고 온도가 많이 낮아져. 반대로 습도가 높을수록 증발이 적게 일어나고 온도가 조금 낮아지지. 이 원리를 이용해 습도를 잴 수 있어.

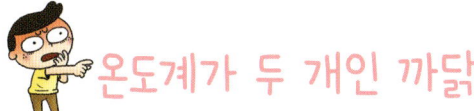
온도계가 두 개인 까닭

"이제 건습구 습도계의 한쪽 온도계에 젖은 헝겊을 감아 놓은 이유를 알아볼까?"

"네! 아까부터 너무 궁금했어요."

"하하. 젖은 헝겊에서는 증발이 일어난단다. 그런데 증발

이 일어나는 양은 공기의 습도에 따라 다르겠지?"

"좀 전에 공기가 건조할수록 증발이 많이 일어난다고 하셨죠."

"그렇지. 헝겊에서 증발이 많이 일어나면 온도계의 온도가 많이 낮아질 거고, 증발이 조금 일어나면 온도계의 온도가 조금 낮아질 거야."

"그렇겠네요."

"그런데 헝겊에서 일어난 증발 때문에 온도가 얼마나 낮아졌는지를 알려면, 증발이 일어나지 않았을 때 온도는 얼마였는지를 알아야 해. 그건 어떻게 알까?"

"젖은 헝겊을 감지 않은 온도계에서는 증발이 일어나지 않을 테니까 그 온도계의 온도를 읽으면 되죠."

"맞아. 그래서 건습구 온도계는 증발이 일어나지 않은 원래 온도를 측정하는 온도계와, 증발 때문에 낮아진 온도를 측정하는 온도계로 되어 있어. 두 온도계의 값을 비교하면 증발 때문에 온도가 얼마나 낮아졌는지 알 수 있단다."

아이들은 고개를 끄덕였다.

"원래 온도를 확인하기 위한 온도계는 건구 온도계, 증발 때문에 낮아진 온도를 확인하기 위한 온도계는 습구 온도계라고 해. 건구 온도계에서 잰 온도를 건구 온도, 습구 온도계

나선애의 과학 사전

건구 온도계 마른 건(乾) 공 구(球) 온도계. 액체샘의 겉 부분이 말라 있는 온도계라는 뜻이야.

습구 온도계 젖은 습(濕) 공 구(球) 온도계. 액체샘의 겉 부분이 젖어 있는 온도계라는 뜻이야.

에서 잰 온도를 습구 온도라고 한다는 것도 알아 둬."

"건구, 습구라는 말만 잘 기억하면 되겠네요."

"그래서 이 습도계를 '건습구 습도계'라고 부르는 거야. 그림을 보면서 건습구 습도계의 원리를 다시 한번 정리해 볼까?"

① 공기가 건조하면

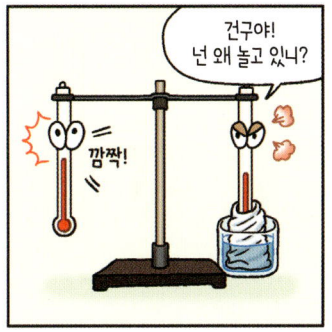

③ 습구 온도가 많이 낮아짐.
② 증발이 많이 일어남.
④ 건구와 습구 온도의 차가 커짐.

① 공기가 습하면

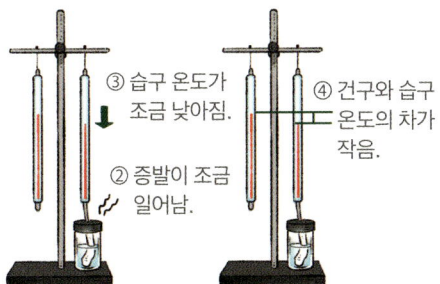

③ 습구 온도가 조금 낮아짐.
② 증발이 조금 일어남.
④ 건구와 습구 온도의 차가 작음.

 **핵심정리**

건구 온도계로는 증발이 일어나지 않았을 때의 원래 온도를 측정하고, 습구 온도계로는 증발 때문에 낮아진 온도를 측정해. 두 온도의 차가 클수록 습도가 낮다는 뜻이야.

용선생의 시끌벅적 과학교실 **53**

 ## 습도를 구해 볼까?

"아하, 두 온도계의 온도 차이가 중요한 거군요. 그런데요, 선생님. 두 온도계에서 온도를 읽은 다음엔 어떻게 해요? 뭔가 계산을 하면 습도를 구할 수 있나요?"

"그건 걱정하지 마. 과학자들이 실험실에서 온도와 수증기량을 바꾸어 가며 일일이 실험해서 습도를 구해 놨어. 그리고 건구와 습구 온도만 알면 습도 값을 알 수 있게 표로 정리해 뒀지. 이 표를 '건습구 습도표'라고 해. 우리는 건구와 습구 온도를 정확히 읽고, 표를 이용하기만 하면 된단다. 먼저 건습구 습도표의 일부분을 보여 줄게."

(습도 단위: %)

건구 온도 (°C)	건구 온도와 습구 온도의 차(°C)						
	0	1	2	3	4	5	6
26	100	92	84	76	69	62	55
25	100	92	84	76	68	61	54
24	100	91	83	75	68	60	53
23	100	91	83	75	67	59	52

 건습구 습도표

"뭔가 복잡해 보여요."

"하하, 숫자가 많지? 하지만 숫자의 의미를 이해하면 복잡하지 않아. 일단 습도를 확인해 보자. 표 왼쪽에 100이라고 적혀 있는 칸들이 보이니?"

(습도 단위: %)

건구 온도 (℃)	건구 온도와 습구 온도의 차(℃)						
	0	1	2	3	4	5	6
26	100	92	84	76	69	62	55
25	100	92	84	76	68	61	54
24	100	91	83	75	68	60	53
23	100	91	83	75	67	59	52

"네!"

"여기에서 100은 습도가 100%란 뜻이야. 습도가 100%라는 건, 공기가 포함할 수 있는 수증기를 모두 포함하고 있다는 거지. 그러니까 이 경우에는 더 이상 증발이 일어나지 않아. 그래서 건구와 습구 온도는 같아."

"정말이네요. 습도가 100%일 때는 건구와 습구 온도의 차가 0이에요."

"그렇지? 이번에는 건구와 습구의 온도가 다른 경우를 살펴보자. 습도가 낮을수록 증발이 많이 일어날 테니까 건구 온도에 비해 습구 온도는 그만큼 많이 낮아질 거야. 건구와 습구 온도의 차가 1℃일 때와 6℃일 때를 한번 볼까?"

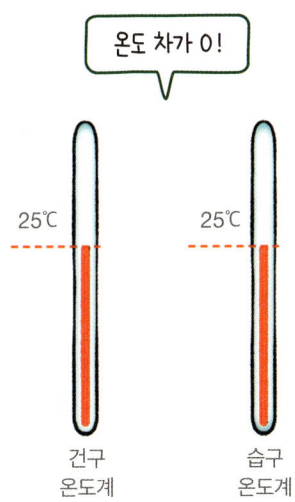

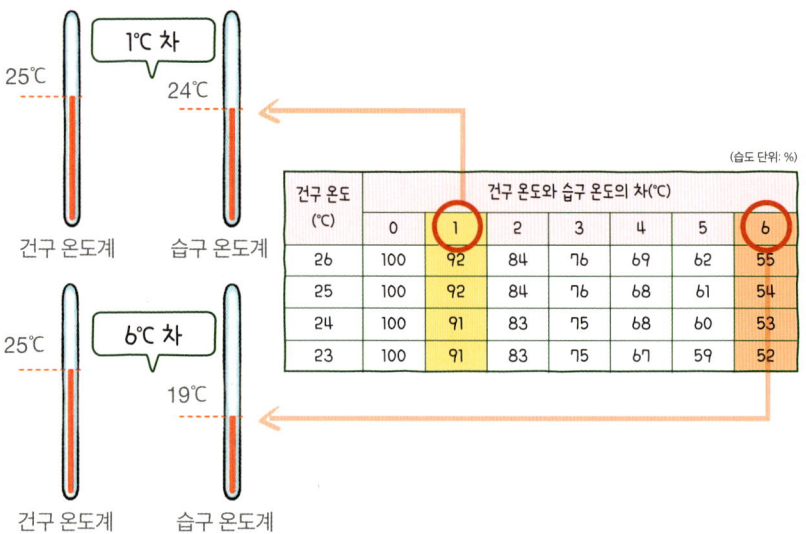

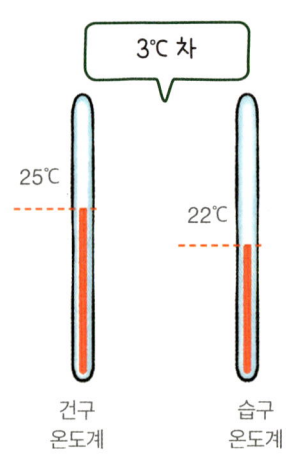

"와, 정말로 온도 차가 1℃일 때보다 6℃일 때 습도가 더 낮아요."

"하하, 원리는 알겠지? 건구와 습구의 온도 차가 클수록 습도가 낮다는 사실! 이제 표에서 습도를 읽는 방법을 알아보자. 제일 먼저 건습구 습도계에서 건구와 습구 온도를 읽어봐."

"지금 건구 온도는 25℃이고, 습구 온도는 22℃예요."

"잘 읽었어. 이번엔 두 온도의 차이를 구해 볼래?"

"25 빼기 22니까, 3이네요."

"좋았어! 이제 표를 보면 돼. '건구 온도' 아래 세로줄에서 25℃를 찾고, '건구 온도와 습구 온도의 차' 중에서 3℃를 찾아봐. 두 값이 만나는 칸에 적힌 숫자가 바로 지금 이곳의 습도야. 단위인 %를 붙여서 말해 볼래?"

(습도 단위: %)

건구 온도 (°C)	건구 온도와 습구 온도의 차(°C)						
	0	1	2	3 ②	4	5	6
26	100	92	84	76	69	62	55
① 25	100	92	84	76 ③	68	61	54
24	100	91	83	75	68	60	53
23	100	91	83	75	67	59	52

▲ **건습구 습도표 읽는 법** ①건구 온도를 확인해. ②건구 온도와 습구 온도의 차를 구해. ③두 값이 만나는 칸을 확인해.

아이들이 손가락으로 습도 표를 짚었다.

"과학실의 습도는 76%네요. 와! 생각보다 쉬워요."

"이제 건습구 습도계와 건습구 습도표만 있으면 언제라도 습도를 정확히 알 수 있겠어요."

그때 곽두기가 제습기를 가리키며 말했다.

"선생님, 저희 제습기 더 세게 틀어 봐요."

"갑자기 왜?"

"습도가 정말로 더 낮아지는지 확인해 보게요."

"좋은 생각인데? 다들 모여 보자."

"야호! 신난다!"

핵심정리

건습구 습도계에서 건구 온도와 습도 온도를 읽으면 건습구 습도표로부터 습도 값을 알 수 있어.

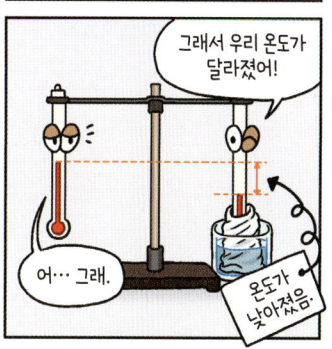

나선애의 정리노트

1. 건습구 습도계

① 원리
- 습도에 따라 물이 ⓐ [ ] 하는 정도는 달라짐.
- 증발이 일어난 부분은 ⓑ [ ] 가 낮아짐.

② 구조

건구 온도계:
증발이 일어나지 않았을
때의 원래 온도를 확인하기
위한 온도계

습구 온도계:
ⓒ [ ] 때문에
낮아진 온도를 확인하기
위한 온도계

2. 건습구 습도표 읽는 법

① 건구 온도와 습구 온도를 읽은 뒤 표를 이용

[예] 건구 온도가 25℃이고, 습구 온도가 22℃인 경우 습도는 ⓓ [ ] %

(습도 단위: %)

건구 온도 (℃)	건구 온도와 습구 온도의 차(℃)						
	0	1	2	3②	4	5	6
26	100	92	84	76	69	62	55
①25	100	92	84	76③	68	61	54
24	100	91	83	75	68	60	53
23	100	91	83	75	67	59	52

ⓐ 증발 ⓑ 온도 ⓒ 증발 ⓓ 76

과학퀴즈 달인을 찾아라!

●정답은 113쪽에

01

친구들이 이번 시간에 배운 내용에 대해 이야기하고 있어. 옳으면 O, 옳지 않으면 X를 표시해 줘.

① 건습구 온도계는 온도계 두 개로 이루어져 있어. (　　)
② 건습구 온도계에서 젖은 헝겊으로 감싼 온도계가 건구 온도계야. (　　)
③ 건습구 온도계는 두 온도계의 온도 차를 이용해 습도를 알아내. (　　)

02

용선생이 간식을 금고에 넣어 두었대. 그런데 암호를 풀어서 간식을 꺼내 먹으라지 뭐야. 용선생이 남긴 힌트를 풀어 친구들이 간식을 먹을 수 있게 도와줘.

아래 건습구 습도표를 보고 미술실과 창고의 습도를 알아내어 네 자리 숫자를 차례대로 누르시오.

[미술실] 건구 온도가 23℃이고, 건구와 습구의 온도 차이가 5℃가 남.
[창고] 건구 온도가 26℃이고, 습구 온도가 25℃임.

(습도 단위: %)

건구 온도 (℃)	건구 온도와 습구 온도의 차(℃)						
	0	1	2	3	4	5	6
26	100	92	84	76	69	62	55
25	100	92	84	76	68	61	54
24	100	91	83	75	68	60	53
23	100	91	83	75	67	59	52

👍 알았다! 암호는 ☐☐☐☐ 이야!

4교시 | 구름의 이름

구름, 너의 이름은?

교과연계

초 5-2 날씨와 우리 생활
중 3 기권과 날씨

1. 물의 순환
2. 습도의 중요성
3. 건습구 습도계
4. 구름의 이름
5. 구름의 구성과 생성
6. 우박과 비

　오랜만에 하는 야외 수업에 아이들 모두 신이 났다.

　"와! 오랜만에 보는 푸른 하늘이에요. 구름도 둥실둥실 떠다니고요."

　"그렇구나! 그럼 한번 구름에 이름 붙이기 게임을 해 볼까? 어디 보자. 저기 나무 위에 떠 있는 구름의 이름을 지어 보자."

　"저요! 저건 꼭 꼬물꼬물 올챙이처럼 생겼으니까 올챙이 구름이라고 할래요."

　"내가 보기엔 바가지 같은데? 바가지 구름이 더 어울려."

　"아냐, 아냐. 내 생각엔 고래 구름이야."

　"하하! 똑같은 구름을 보고 저마다 다른 이름을 붙였네. 누구나 고개를 끄덕일만 한 이름은 없을까?"

　"누구나 고개를 끄덕일 만한 이름이요?"

구름마다 이름이 있다고?

용선생의 말에 아이들의 눈이 동그래졌다.

"에이, 그게 가능해요?"

"맞아요. 구름은 하나하나 다르게 생겼는데 도대체 이름을 몇 개나 지어야 하는 거예요?"

용선생은 빙긋 웃으며 말했다.

"과연 그럴까? 지금으로부터 약 200년 전까지만 해도 다들 너희처럼 생각했어. 하지만 영국의 과학자 루크 하워드가 모든 걸 바꿔 놓았지. 하워드는 제각각이라고 여겨지던 구름의 모양을 관찰해서 체계적으로 분류하고 종류별로 이름을 붙였거든."

"와! 엄청 똑똑한 사람이었군요."

"하워드가 왜 구름에 이름을 붙였는지 궁금하니?"

아이들은 "네!" 하고 크게 외쳤다.

"하워드는 어릴 때 엄격한 기숙 학교를 다녔어. 하워드는 학교생활이 힘들 때마다 잔디밭에 누워 구름을 관측하곤 했지."

"구름을 보면 마음이 편안해졌나 보네요."

"아마도 그랬나 봐. 하워드는 커서 약사가 되었어. 하지

허영심의 인물 사전

루크 하워드 (1772년~1864년) 영국의 기상학자야. 평생 구름을 연구했고, 《구름의 종류에 관하여》라는 책을 썼어.

나선애의 과학 사전

분류 나눌 분(分) 무리 류(類). 사물의 같은 점과 다른 점을 바탕으로 기준을 세워 사물을 여러 무리로 나누는 것을 말해.

나선애의 과학 사전

관측 볼 관(觀) 잴 측(測). 맨눈이나 도구를 이용해 날씨나 우주 같은 자연 현상을 관찰하는 것을 말해.

만 틈틈이 구름 보는 일을 게을리하지 않았지. 결혼해서 집을 새로 지을 때에는 구름을 관측할 수 있는 방을 따로 마련할 정도였어."

"우아! 하워드는 구름 보는 걸 정말 좋아했군요."

"그렇단다. 당시에는 사진기가 발명되기 전이라 하워드는 구름 관측 결과를 그림으로 남겼어. 하워드는 오랫동안 모은 관측 결과를 바탕으로 구름을 비슷한 모양끼리 묶을 수 있다는 걸 발견했지. 1803년, 드디어 하워드는 비슷한 모양끼리 묶은 구름에 체계적인 이름을 붙여서 발표했어. 처음으로 구름을 과학적으로 분류해서 이름을 붙인 거야."

▲ 루크 하워드의 스케치

"하워드가 붙였다는 구름 이름이 왠지 엄청 복잡할 거 같은데요."

허영심이 골치 아프다는 듯이 손으로 이마를 짚었다.

"그렇지 않아. 하워드는 구름을 모양에 따라 크게 세 갈래로 나누었단다. 바로 깃털 모양인 권운, 옆으로 퍼진 모양인 층운, 위로 쌓인 모양인 적운이지."

▲ 권운　　　　　▲ 층운　　　　　▲ 적운

"여기에 권운과 적운이 합쳐진 모양인 권적운, 권운과 층운이 합쳐진 모양인 권층운 같은 식으로 중간 형태를 더해서 총 7가지로 이름을 지었어. 어때?"

"오, 생각보다 간단한데요?"

 핵심정리

영국의 과학자 루크 하워드는 처음으로 구름을 모양에 따라 체계적으로 분류하고 종류별로 이름을 붙였어.

 용선생의 과학 현미경

하워드가 지은 7가지 이름은 권운, 층운, 적운, 권적운, 권층운, 적층운, 권적층운이야. 이 중 적층운은 오늘날 층적운으로 바꿔 사용하고 있고, 권적층운은 더 이상 쓰지 않아.

구름의 이름이 왜 필요할까?

모두 감탄하고 있는데 나선애가 물었다.

"그런데 구름에 굳이 이름까지 붙일 필요가 있을까요? 저는 평소에 구름을 층운이니 권적운이니 하고 부르는 걸 한 번도 들어본 적이 없는데요."

"그렇게 생각할 수도 있어. 사실 하워드가 구름에 이름을 붙여야겠다고 생각한 데에는 과학적인 이유가 더 컸어."

"과학적인 이유요?"

"그래. 사람마다 구름을 제각각으로 부르다 보니 구름에 관한 연구가 잘 이루어질 수 없었어. 한번 이렇게 생각해 볼까? 만약 구름에 정해진 이름이 없다면 어떨 것 같아?"

"글쎄요? 잘 떠오르지 않아요."

"그러면 좀 전에 봤던 구름을 떠올려 볼래? 너희도 똑같은 구름을 보고 올챙이 구름이니 바가지 구름이니 하면서 다르게 불렀잖아? 비슷하게 생긴 구름을 사람마다 나라마다 다르게 부른다면 구름을 연구하는 사람들이 서로 어떤 구름을 말하는지 알 수 없겠지."

아이들은 "그렇겠네요." 하며 고개를 끄덕였다.

"또 다른 문제도 있어. 설령 구름의 이름이 정해졌다고 해도 '높은 곳에 담요 모양으로 펼쳐진 구름' 같은 식으로 긴 이름을 쓴다면 무척 번거로울 거야."

장하다가 "으아! 싫다." 하며 양손으로 머리를 감쌌다.

"하하. 하워드는 이런 문제점을 해결하기 위해 일정하고도 간단한 원리에 따라 구름 이름을 정해야 한다고 생각했을 거야."

"그러니까 구름을 간편하게 부르면서도 헷갈리지 않게 하려는 것이었군요."

"그렇지. 하워드 덕분에 수천 가지나 될 거라고 생각한 구름의 이름을 체계적으로 부를 수 있게 됐어. 하워드가 정한 구름의 이름은 전 세계적으로 빠르게 퍼져나갔지. 이 방법을 사용하면서 과학자들은 구름 관측 결과를 누구나 이해하기 쉽게 정리할 수 있었어. 또 이렇게 정리한 자료를 전 세계 과학자들과 나눠 볼 수 있어서 구름과 날씨 연구에도 많은 도움이 되었고 말이야."

"우아! 구름에 이름을 붙인 것만으로도 많은 것이 변했네요."

핵심정리

구름에 체계적인 이름이 있으면 간편하게 부르면서도 혼동을 줄일 수 있어.

 ## 오늘날 사용하는 구름의 이름

"맞아. 오늘날에는 모양과 높이를 기준으로 구름을 총 10종류로 구분해. 먼저 어떤 모양이냐에 따라 옆으로 평평한 모양인 층운과 위로 쌓인 모양인 적운으로 나눠. 또 높이에 따라서는 위에서부터 상층운, 중층운, 하층운으로 나눈단다. 구름의 이름을 정리한 표를 같이 볼까?"

표를 유심히 보던 왕수재가 손을 번쩍 들었다.

"아까 선생님이 권운은 깃털 모양 구름이라고 하셨잖아요. 그런데 상층운에는 전부 '권' 자가 붙네요?"

"오, 예리한데? 땅에서 높이 올라가면 갈수록 공기 중의 수증기가 점점 부족해져서 구름 모양은 깃털처럼 가늘고 희미해져. 그래서 권운은 깃털 모양을 나타내는 동시에 상층운이라는 뜻도 된단다. 한 가지만 덧붙이자면 비를 많이 내리는 구름에는 특별히 '어지러울 난(亂)' 자를 붙여."

왕수재가 고개를 끄덕이며 조용히 중얼거렸다.

"아쉽다. 내가 하워드보다 빨리 태어났다면 구름 이름을 내가 정했을 텐데……."

왕수재의 혼잣말에 아이들이 조용히 키득거렸다.

높이 \ 모양	'권'자를 붙여. 깃털 같은 모양	중간에 '층'자를 붙여. 옆으로 평평한 모양	중간에 '적'자를 붙여. 위로 쌓인 모양	위아래로 발달한 모양
상층운 앞에 '권'자를 붙여.	 권운	 권층운	 권적운	 비를 많이 내리는 구름은 특별히 '난'자를 붙여. 적란운
중층운 앞에 '고'자를 붙여.	 	 고층운	 고적운	
하층운	비를 많이 내리는 구름은 특별히 '난'자를 붙여. 난층운 층운	층적운	적운	

핵심정리

오늘날에는 모양과 높이를 기준으로 구름을 총 10종류로 구분해.

나선애의 정리노트

1. 구름의 이름이 필요한 이유
① 구름을 간편하게 부르면서 혼동을 줄일 수 있음.
② 구름을 관측한 결과를 누구나 이해하기 쉽게 정리할 수 있음.

2. 오늘날 사용하는 구름의 이름
① 모양과 높이에 따라 총 ⓐ 종류로 구분함.

	깃털 모양	평평한 모양	쌓인 모양	위아래 발달
상층운		ⓑ / 권층운	권적운	적란운
중층운		고층운	고적운	
하층운		난층운 / ⓒ	층적운	ⓓ

ⓐ 10 ⓑ 권운 ⓒ 층운 ⓓ 적운

 **과학퀴즈** 달인을 찾아라!

●정답은 113쪽에

01

친구들이 이 시간에 배운 내용에 대해 이야기하고 있어. 옳으면 O, 옳지 않으면 X를 표시해 줘.

① 구름의 이름을 정해서 사용하면 혼동을 줄일 수 있어. (   )
② 루크 하워드가 처음으로 구름에 과학적인 이름을 붙였어. (   )
③ 오늘날에는 구름을 총 7종류로 구분해. (   )

02

다음 구름들의 설명을 보고, 아래 표에 있는 글자를 가로, 세로, 혹은 대각선으로 연결해서 구름의 이름을 찾아봐.

깃털 모양의 구름이야.
① 내 이름은 ☐☐

옆으로 평평한 모양의 구름이야.
② 내 이름은 ☐☐

위로 쌓인 모양의 구름이야.
③ 내 이름은 ☐☐

권	운	정
적	전	층
운	난	운

5교시 | 구름의 구성과 발생

구름 속으로 들어가면?

> 와, 산꼭대기에 구름이 걸려 있어.

> 그러게. 푹신푹신한 구름 위에 누워 보고 싶다.

> 무슨 소리야. 구름은 실제로는 만질 수도 없다고!

교과연계

초 **5-2** 날씨와 우리 생활
중 **3** 기권과 날씨

직접 알아보는 건 어때?

1. 물의 순환
2. 습도의 중요성
3. 건습구 습도계
4. 구름의 이름
5. **구름의 구성과 생성**
6. 우박과 비

키 컸으면~
키 컸으면~

나선애가 과학실로 들어서자 곽두기가 반갑게 맞으며 말했다.

"누나. 우리 엄마가 그러는데 나 나중에 키가 엄청나게 클 거래."

"그게 무슨 소리야?"

"내가 어젯밤에 아주 높은 곳에서 끝없이 떨어지는 꿈을 꿨거든. 그런 꿈을 꾸면 키가 크는 거라고 그랬어."

"뭐 그렇다 치고, 꿈에서 계속 떨어지기만 했어?"

"아니. 다행히 중간에 구름을 만났지. 어찌나 푹신하던지 깨고 나서도 계속 그 느낌이 남아 있었다니까."

"두기야, 미안하지만 구름은 실제로 만질 수 없어."

나선애의 말에 곽두기는 울상이 되었다.

"아니야, 그럴 리 없어! 선생님한테 물어볼 거야."

곽두기가 용선생에게 달려갔다.

 구름을 만질 수 있을까?

"선생님! 구름은 정말로 만질 수 없나요?"

용선생은 대답 대신 빙긋 웃으며 창밖을 확인했다.

"저기 학교 뒷산에 걸려 있는 구름 보이지? 마침 날씨도 선선하니 선생님이랑 구름을 실제로 만질 수 있는지 확인하러 갈까?"

"좋아요! 저희 모두 같이 가요."

학교를 나선 용선생과 아이들은 앞서거니 뒤서거니 하며 힘들게 산을 올랐다. 마침내 산꼭대기에 도착하자 나선애가 주위를 둘러보며 심각한 말투로 말했다.

"그런데요, 선생님. 여기 왜 이리 뿌옇죠?"

"하하, 안개가 껴서 그렇지. 안개는 공기 중의 수증기가 아주 작은 물방울로 변해 떠 있는 현상이야. 바로 이 물방울들 때문에 주위가 뿌옇게 보이는 거지."

용선생은 곽두기의 눈치를 보며 조심스레 말을 이었다.

"그런데 말이지……. 이건 구름이기도 하단다."

"네? 이게 구름이라고요?"

"지금 우리는 아까 학교에서 봤던 구름 속에 들어와 있는 거야. 그러니까 산 아래에서 봤을 때는 구름이지만 이렇게 안에 들어와 있으면 안개라는 말이지. 관찰하는 사람의 위치에 따라 다르게 부를 뿐, 구름과 안개는 같은 현상이야."

곽두기는 신기하다는 듯이 손을 휘저었다. 그리고 갑자

기 시무룩한 표정을 지었다.

"으아! 구름은 만질 수 없는 거였어."

핵심정리

구름과 안개는 같은 현상이고 관찰하는 사람의 위치에 따라 다르게 불러.

구름이 왜 중요해?

그때 허영심이 말했다.

"선생님, 그 정도는 아까 학교에서 그냥 알려 주셨어도 됐잖아요. 고작 그것 때문에 우리가 힘들게 등산까지 한 거예요?"

"힘들었다면 미안. 하지만 이게 바로 산 교육 아니겠니? 산에서 하는 산 교육! 하하!"

용선생은 근처 바위에 엉덩이를 걸치며 말을 이었다.

"근데 영심이의 생각과 달리 구름은 아주 중요하단다."

"왜요?"

"우선 구름은 햇빛을 가리기도 하고 비나 눈을 내리기도 하면서 날씨에 큰 영향을 주지. 또 구름의 모양을 보고 날

▲ 맑은 날씨와 흐린 날씨 구름은 해를 가려 빛과 열을 막기도 해.

씨가 어떻게 될지 짐작할 수 있어."

"그래요?"

"예를 들어, 두꺼운 먹구름이 다가오면 비가 많이 올 거라고 예상할 수 있지."

"에이. 그건 다 아는 거고요."

"그럼 이건 어때? 하늘에 깃털처럼 생긴 구름만 껴 있다면 비가 내리지 않을 거라고 안심해도 돼."

"오, 이건 잘 기억해 두면 도움이 되겠네요."

"구름이 중요한 이유는 또 있어. 구름이 생기고 여기저기 떠다니다가 비나 눈을 내리는 과정에서 지구의 물을 순환시킨단다. 지난번에 배운 것 기억하지?"

▲ 지구를 덮고 있는 구름

"아아, 물의 순환. 기억나요."

"구름은 물을 순환시킬 뿐 아니라, 태양과 땅에서 오는 열을 흡수해서 여기저기로 옮기는 역할도 해. 특히 열대 지방에서 열을 많이 흡수한 구름이 북쪽이나 남쪽으로 이동하면서 지구 전체에 열을 골고루 옮겨 주지."

"오, 구름은 비만 내리게 해 주는 줄 알았는데, 생각보다 많은 일을 하네요!"

 **핵심정리**

구름은 날씨에 영향을 주고, 지구 전체로 물과 열을 골고루 옮겨 주는 역할을 해.

구름을 이루는 것들

"이제 처음에 두기가 궁금했던 문제로 돌아가 볼까? 구름을 만질 수 없다는 건 확인했을 거고, 왜 만질 수 없는지도 알겠지?"

"네! 구름이 아주 작은 물방울로 이루어져 있어서 그래요. 근데 구름은 물방울로만 이루어져 있나요?"

"그건 아니야. 우리나라처럼 겨울이 추운 지역에서 생기는 키 큰 구름의 경우에는 꼭대기 부분의 기온이 영하 40도 정도까지 내려가. 여기서 기온은 공기의 온도라는 뜻이야."

"우아, 정말 엄청나게 춥겠어요."

"그래서 구름의 허리부터 꼭대기에 이르는 부분에는 물방울이 얼어서 아주 작은 얼음 알갱이가 된단다."

"우아, 물방울이 얼기도 하는군요?"

"응. 이런 얼음 알갱이를 빙정이라고 불러."

"그러면 지금 우리가 들어와 있는 이 구름 속에도 빙정이 있어요?"

"아쉽게도 이 구름은 그 정도로 키가 크지 않아서 빙정은 없어. 빙정은 비행기를 타고 가야 할 정도로 매우 높고

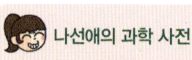

나선애의 과학 사전

빙정 얼음 빙(氷) 결정 정(晶). 얼음 결정이라는 뜻으로, 주로 구름 속에 있는 작은 얼음 알갱이를 일컫는 말로 쓰여.

추운 곳에서 생기거든. 게다가 빙정은 아주 작아서 맨눈으로 볼 수 있지도 않아. 보통 실험실에서 구름과 비슷한 환경을 만들어 전자 현미경으로 관찰해야 하지. 결론적으로 구름은 매우 작은 물방울과 빙정으로 이루어진 거야."

아이들이 알았다는 듯 고개를 끄덕였다.

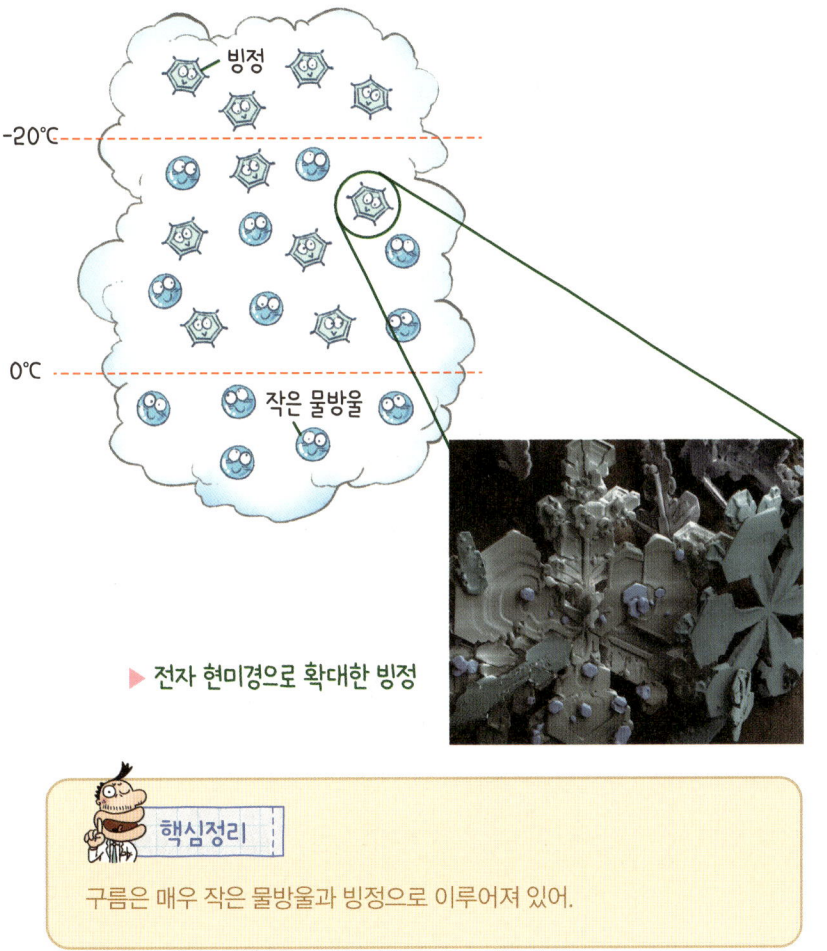

▶ 전자 현미경으로 확대한 빙정

핵심정리

구름은 매우 작은 물방울과 빙정으로 이루어져 있어.

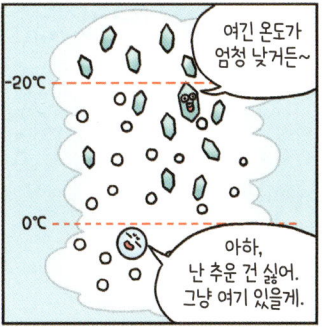

 ## 구름이 생길 때 필요한 것은?

"설명을 듣다 보니 궁금한 점이 생겼어요. 구름을 이루는 작은 물방울과 빙정은 어디서 생겨난 거예요? 원래부터 높은 하늘에 있었어요?"

나선애의 질문에 용선생이 말했다.

"오호, 아주 중요한 질문이야. 빙정과 물방울은 공기 중의 수증기가 변한 거야. 그리고 수증기는 물이 많은 바다, 강, 호수처럼 지표면과 가까운 곳에 많지. 그래서 빙정과 물방울이 생기려면 수증기가 포함된 공기가 지표면 부근에서 위로 떠올라야 해."

"지표면 가까이에 있던 수증기가 어떻게 높은 곳까지 올라가는데요?"

"지표면 바로 위에 공기 덩어리가 있는 모습을 상상해 보자. 이 공기 덩어리 속에는 바다나 강, 호수 등에서 증발한 수증기가 잔뜩 들어 있을 거야. 낮에 햇빛을 받아 지표면이 따뜻해지면 지표면 바로 위에 있던 공기 덩어리의 온도도 점점 높아지겠지."

"그렇겠죠?"

"주변보다 온도가 높은 공기 덩어리는 위로 떠오르는 성

 **곽두기의 낱말 사전**

지표면 땅 지(地) 겉 표(表) 낯 면(面). 지구의 표면을 말해.

▲ 지표면이 가열될 때

질이 있어. 따라서 지표면의 열을 받아 온도가 높아진 공기 덩어리는 위로 떠오르고, 공기 덩어리 속에 있던 수증기도 높은 곳까지 올라간단다."

아이들은 고개를 끄덕였다. 그때 허영심이 고개를 갸웃거리며 물었다.

"그럼 수증기는 햇빛이 강한 날에만 떠오를 수 있는 거예요?"

"그렇지는 않아. 공기 덩어리 속 수증기가 위로 올라가는 경우가 한 가지만 있는 건 아니니까."

"그럼 또 어떤 게 있어요?"

"산 위에 있는 구름을 생각해 봐. 수증기가 거기까지 어떻게 올라갈 수 있었을까?"

"공기 덩어리가 등산이라도 했나 보네요."

장난스럽게 내뱉은 장하다의 말을 왕수재가 받았다.

"아하! 바람이 있잖아요. 바람은 공기 덩어리가 움직이는 거니까, 바람이 불다가 산을 만나면 산기슭을 타고 올라갈 수 있겠네요."

"그렇지. 그 경우에도 공기 덩어리에 들어 있는 수증기가 위로 올라갈 수 있지. 이 두 경우 외에 따뜻한 공기와 찬 공기가 만날 때에도 수증기가 위로 올라갈 수 있어. 따

▲ 공기가 산기슭을 따라 오를 때

▲ 따뜻한 공기와 찬 공기가 만날 때

뜻한 공기는 위로, 찬 공기는 아래로 움직일 테니까 따뜻한 공기 속에 포함된 수증기가 위로 떠오를 수 있는 거야."

핵심정리

구름이 생기려면 일단 지표면 근처의 수증기가 위로 떠올라야 해. 수증기는 지표면이 가열될 때, 바람이 불다가 산을 만날 때, 따뜻한 공기와 차가운 공기가 만날 때 위로 떠올라.

구름은 어떻게 생길까?

"그런데 말이야, 위로 떠오른 수증기가 물이나 얼음으로 변하려면 온도가 낮아져야겠지? 그런데……."

용선생이 말을 마치기도 전에 왕수재가 얼른 나섰다.

"보통 위로 올라갈수록 추워지잖아요? 수증기가 높은 곳까지 올라오면 차가운 공기를 만날 테니까 당연히 온도가 낮아지는 거 아니에요?"

"아쉽지만 그건 아니야. 흔히 그렇게 생각하지만 높은 곳까지 올라간 수증기가 차가워지는 이유는 사실 높은 곳에 있는 찬 공기 때문이 아니란다."

"그럼 뭐 때문이에요?"

"놀랍게도 공기가 높이 올라가면 스스로 온도가 낮아져. 당연히 공기에 포함된 수증기의 온도도 같이 낮아지지."

"네? 스스로 온도가 낮아진다고요? 어떻게요?"

"그걸 이해하려면 먼저 알아야 할 게 있어. 공기 덩어리가 떠오르면 부피가 빠르게 커진다는 거야. 위로 떠오른 풍선이 점점 커지다가 결국 터지는 것도 이 때문이지. 풍선이 떠오르면 그 속에 있는 공기 덩어리의 부피가 커질 테니까 말이야."

> 나선애의 과학 사전
> 부피 물체가 차지하는 공간의 크기야.

"어, 저도 들어 본 적 있어요. 높이 떠오른 풍선은 결국 터져서 바다나 땅에 떨어진다는 얘기요."

"그런데 공기 덩어리의 부피가 커지는 거랑 온도가 낮아지는 게 무슨 상관이에요?"

왕수재가 물었다.

"공기 덩어리의 부피가 커진다는 건 그 속에 있는 알갱이들이 바깥쪽으로 퍼진다는 뜻이야. 공기 알갱이들이 바깥쪽으로 퍼지면서 주위 공기 알갱이들을 밀어내. 이때 공기 알갱이들은 원래 가지고 있던 열을 사용하면서 온도가 낮아진단다."

나선애는 잠시 생각을 정리하더니 말했다.

"그러니까 공기 덩어리는 부피가 커지면서 스

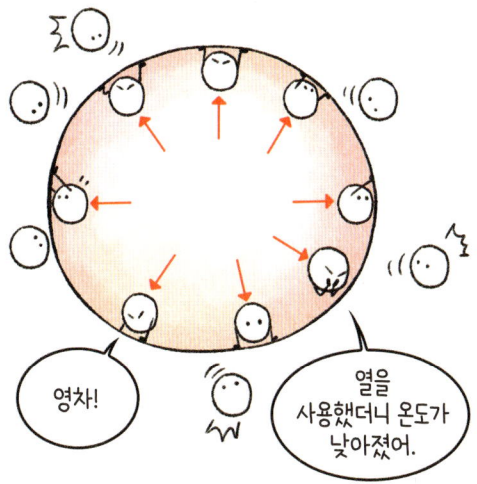

영차!

열을 사용했더니 온도가 낮아졌어.

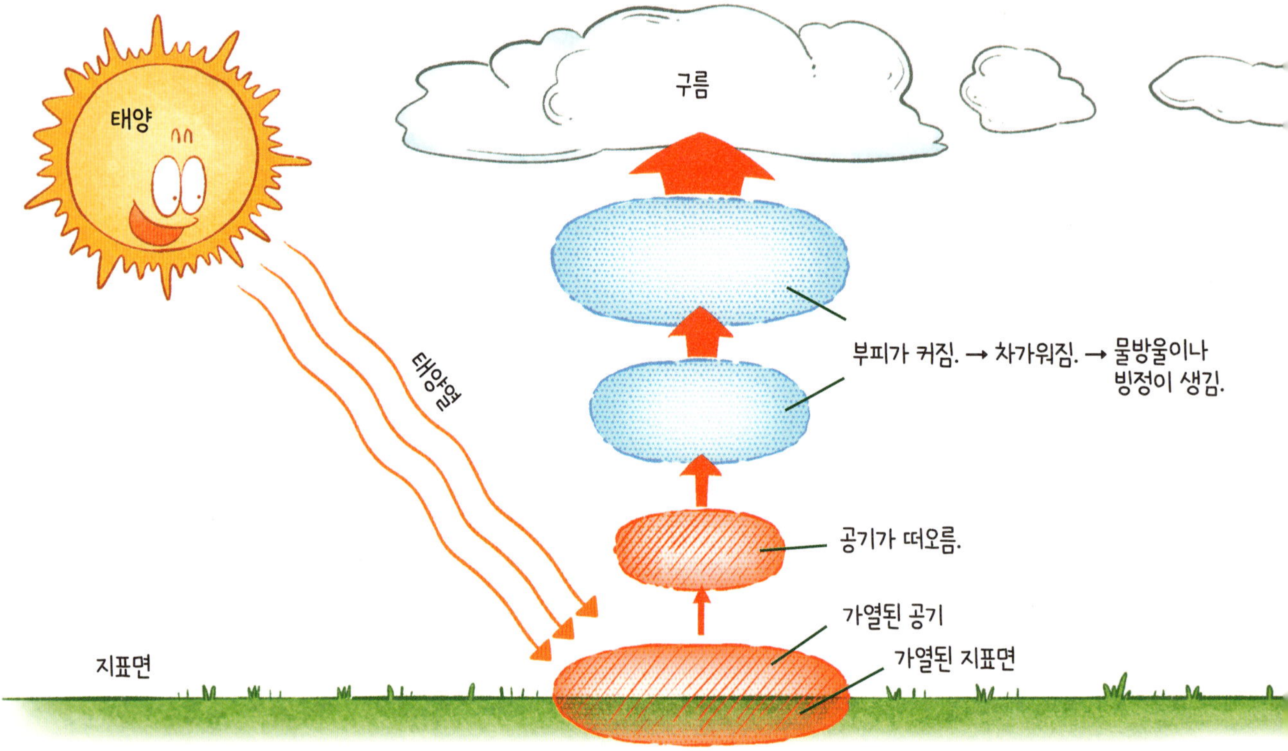

태양

태양열

지표면

구름

부피가 커짐. → 차가워짐. → 물방울이나 빙정이 생김.

공기가 떠오름.

가열된 공기
가열된 지표면

스로 차가워진다는 거네요."

"그렇지. 잘 이해했구나. 그렇게 공기 덩어리의 온도가 낮아지면, 그 속에 포함되어 있던 수증기들이 물방울이나 빙정으로 변해 구름이 만들어지는 거지."

"아하! 이제 구름이 어떻게 생기는지 알겠어요."

나선애가 알았다는 듯 손가락을 튕기자, 용선생은 흐뭇한 표정으로 고개를 끄덕였다.

"이제 슬슬 내려가 볼까?"

용선생의 말에 아이들은 엉덩이를 털며 일어섰다. 그때 곽두기가 무언가 아쉬운지 조심스럽게 말을 꺼냈다.

"근데요, 선생님. 높은 곳에서 떨어지는 꿈이랑 키 크는 거랑은 상관이 없어요?"

"글쎄. 과학적으로 밝혀진 게 있는지는 모르겠다만, 한 가지 확실한 건 있지."

"그게 뭔데요?"

곽두기가 정말 궁금하다는 표정으로 묻자 용선생이 씩 웃으며 대답했다.

"이렇게 운동을 열심히 하면 키가 쑥쑥 큰다는 거지."

"정말요? 그렇다면 이제부터 매일매일 등산할래요!"

곽두기는 씩씩하게 팔을 휘저으며 산에서 내려가기 시작했다.

"어? 나도, 나도!"

장하다도 헐레벌떡 곽두기의 뒤를 따라갔다. 그 모습을 본 용선생과 아이들은 모두 웃음을 터뜨렸다.

 **핵심정리**

위로 올라가는 공기 덩어리는 부피가 빠르게 커지면서 스스로 온도가 낮아져. 그 결과 공기 덩어리 속 수증기가 작은 물방울이나 빙정으로 변해서 구름이 생겨.

나선애의 정리노트

1. 구름과 ⓐ
  ① 둘은 같은 현상이고, 관찰하는 사람의 위치에 따라 다르게 불림.

2. 구름의 역할
  ① 날씨에 영향을 줌: 햇빛을 가림. 비나 눈을 내림.
  ② 지구 전체로 ⓑ 과 열을 골고루 옮겨줌.

3. 구름의 구성
  ① 작은 물방울과 ⓒ 으로 이루어짐.

4. 구름이 만들어지는 과정

  ① 수증기를 포함한 공기 덩어리가 떠오름.
  ⬇
  ② 빠르게 ⓓ 가 커짐.
  ⬇
  ③ 스스로 ⓔ 가 낮아짐.
  ⬇
  ④ 작은 물방울이나 빙정이 생겨서 구름이 됨.

ⓐ 안개 ⓑ 물 ⓒ 얼음 ⓓ 부피 ⓔ 온도

 ## 과학퀴즈 달인을 찾아라!

●정답은 113쪽에

01

친구들이 이 시간에 배운 내용에 대해 이야기하고 있어. 옳으면 O, 옳지 않으면 X를 표시해 줘.

① 안개와 구름은 서로 아무 상관없는 현상이야. (   )
② 구름은 작은 물방울과 빙정으로 이루어져 있어. (   )
③ 공기 덩어리는 높은 곳으로 올라가면서 스스로 차가워져. (   )

02

나선애가 과학 캠프에서 길을 잃었어. 구름이 만들어지는 과정이 적힌 푯말을 순서대로 따라가면 캠프 건물에 가장 빨리 도착할 수 있대. 나선애에게 올바른 길을 알려줘.

https://cafe.naver.com/yongyong

용선생의 과학 카페

과학계의 핵인싸, 용선생의 과학 카페에 오신 걸 환영합니다.

Log in

오늘은 어떤 재미난 지식을 올려 볼까?

MENU

물리면 아프다
화학이 화하하
생물 오징어
지구는 둥글다

구름의 도우미가 있다고?

위로 떠오른 공기 덩어리는 온도가 스스로 낮아져서 그 속에 있는 수증기가 작은 물방울이나 빙정으로 변해. 이때 수증기가 잘 변하도록 도와주는 게 있어. 바로 공기 중에 떠 있는 아주 작은 먼지들이지. 수증기가 물방울로 변하는 현상을 응결이라고 하는데, 구름 속에서 응결이 잘 일어나게 도와주는 작은 알갱이를 '응결핵'이라고 해. 빙정이 잘 만들어지게 해 준다고 해서 이것을 '빙정핵'이라고도 불러. 그러니까 수증기가 응결핵에 붙으면 그렇지 않은 경우보다 더 빠르게 작은 물방울이나 빙정이 될 수 있어.

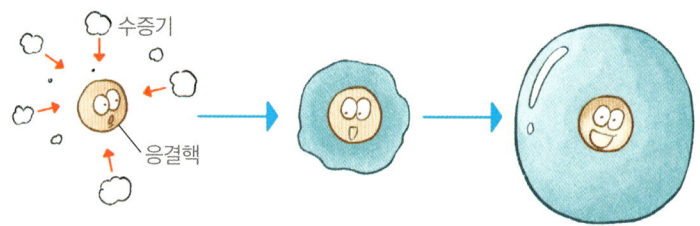

 응결핵의 역할

공기 중에 떠 있는 아주 작은 먼지들 외에 공장이나 자동차에서 나온 매연도 응결핵 역할을 해. 또 바다에서 물이 증발할 때 함께 딸려온 매우 조그만 소금 알갱이도 응결핵 역할을 한단다.

이 응결핵을 이용하면 원할 때 비가 오게 할 수도 있어. 바로 '인공 강우'라는 거야. 인공 강우[사람 인(人), 만들 공(工), 내릴 강(降), 비 우(雨)]는 말 그대로 사람의 힘으로 비를 내리게 한다는 뜻이지.

인공 강우의 원리는 간단해. 구름에 응결핵 역할을 할 알갱이를 뿌려서 물방울이나 빙정을 빠르게 커지게 하면 돼. 크기가 커져 무거워진 물방울이나 빙정은 떨어져서 비가 되지.

장하다의 오답을 피하는 방법

나선애의 야무진 실험실

왕수재의 아는 척 과학교실

허영심의 별 헤는 밤

곽두기의 빅뱅 따라잡기

응결핵

▲ 인공 강우의 원리

인공 강우는 보통 가뭄이 심한 지역에 비를 내리게 하기 위해 써. 또 비가 심하게 올 것 같은 지역에서는 구름이 더 커지기 전에 미리 적은 비를 내리게 해 버리지. 하지만 인공 강우를 지나치게 사용해서는 안 돼. 인공 강우로 한 곳에 비를 다 내려 버리면 다른 곳은 가뭄이 들 수 있거든.

COMMENTS

 인공 강우로 눈을 만들면 좋겠다. 낭만적이잖아~

 내가 만들어 줄까?

 어머, 닭살!

6교시 | 우박과 비

물방울과 빙정이 모이면?

우아. 우박이다!

저기 쪼개진 우박 안에 동그란 무늬가 있네.

아이들이 수업을 마치고 건물 밖으로 함께 나왔다. 교문 쪽으로 막 발걸음을 옮기려는데, 장하다가 외쳤다.

"앗! 갑자기 우박이 떨어져."

모두 다시 건물로 들어가 우박을 피하는데, 곽두기 혼자 신이 났다.

"헤헤, 이게 우박이구나. 꼭 얼음 덩어리 같네. 그런데 여기 안에 이상한 무늬가 있어!"

곽두기가 때마침 지나가던 용선생을 붙잡았다.

"선생님, 궁금한 게 생겼는데 마침 잘 오셨어요. 우박 속에 있는 이 무늬는 뭐예요?"

곽두기의 질문에 용선생이 빙긋이 웃으며 말했다.

"오호, 재미있는 주제를 찾았네. 과학실로 가서 함께 알아볼까?"

 ## 우박 속 무늬의 비밀

"선생님, 우박 안쪽 무늬가 꼭 나이테처럼 생겼어요."
"맞아. 우박마다 그런 무늬를 갖고 있지."
"이런 무늬는 도대체 왜 생긴 거예요?"
"우박이 생기는 과정을 알면 왜 그런 무늬가 생기는지 자연스럽게 알 수 있을 거야."
"우박이 생기는 과정이요?"
용선생은 씩 웃으며 설명을 시작했다.
"좋아, 우박이 생기는 과정을 차근히 알아보자. 먼저 우박은 구름에서 만들어져. 지난번에 우리나라처럼 겨울이 추운 지역에서는 구름 속에 아주 작은 얼음 알갱이인 빙정이 있다고 했지? 물론 작은 물방울도 있고 말이야."

아이들이 크게 고개를 끄덕였다.

"그런데 구름 속에 있던 물방울에서는 증발이 일어나 수증기가 생겨. 이 수증기들은 근처에 있던 빙정을 만나면 바로 달라붙어서 한 덩이가 되어 얼어 버려. 그럼 빙정이 점점 크고 무거워지지. 무거워진 빙정은 결국 아래로 떨어지기 시작해."

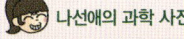
나선애의 과학 사전

나이테 나무를 가로로 잘랐을 때 볼 수 있는 원 모양의 줄무늬야. 나이테는 일 년에 하나씩 생기기 때문에 나이테가 몇 개인지 세면 나무의 나이를 알 수 있어.

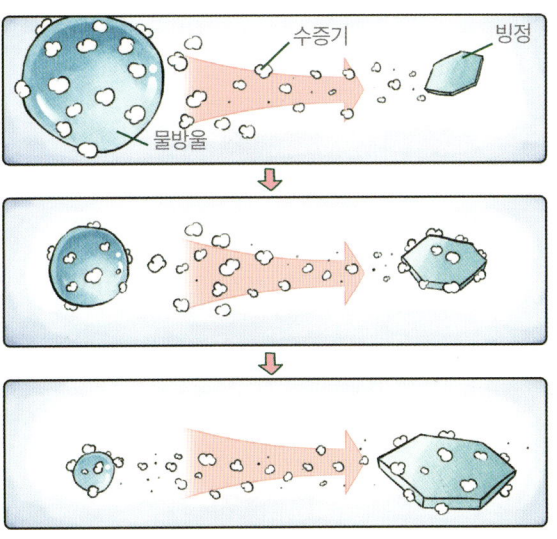

▶ 빙정이 커지는 과정

나선애의 과학 사전

상승 기류 윗 상(上) 오를 승(昇) 공기 기(氣) 흐를 류(流). 위쪽으로 올라가는 공기의 흐름을 말해. 구름 속 수증기를 위로 올려줄 뿐만 아니라, 구름이 공기 중에 계속 떠 있을 수 있게도 해 줘.

"빙정이 떨어지면서 바로 우박으로 변하는 건가요?"

"아직은 아니야. 몇 단계를 더 거쳐야 해. 여기에 중요한 역할을 하는 게 바로 구름 속 상승 기류야. 빙정이 무거워져서 아래로 떨어지다가 매우 강한 상승 기류를 만나면 다시 떠오르거든. 그 과정에서 빙정은 다시 수증기를 만나서 더 크고 무거워지지. 더 무거워진 빙정은 다시 떨어지고 이때 또 강한 상승 기류를 만나면 다시 올라가. 이렇게 오르

 용선생의 과학 현미경

우박은 어느 계절에 내릴까?

우박은 그리 자주 내리지 않아. 우박은 상승 기류가 강한 경우에 생기기 때문에, 위아래로 크게 발달한 구름인 적란운에서 주로 만들어져. 또 겨울보다는 초여름인 5, 6월이나 초가을인 9, 10월에 많이 내리지.

한여름에는 우박이 생기더라도 기온이 높아서 금방 녹아 버리고 겨울에는 공기가 건조해서 우박이 생기기 어려워.

▲ 우박이 내리는 모습

▲ 커다란 우박

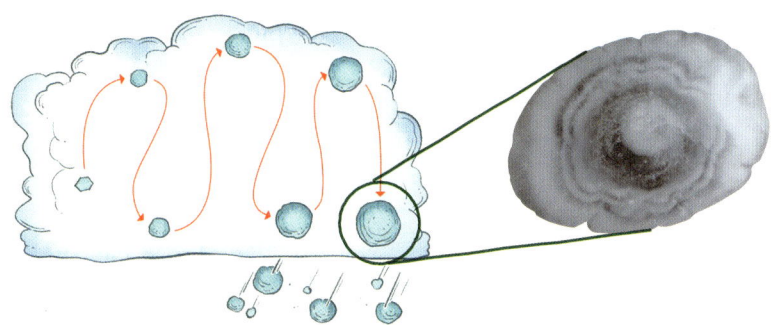

▲ **우박이 생기는 과정** 빙정이 구름 속을 오르내리며 점점 커져.

락내리락하는 과정을 여러 번 거치면서 빙정이 한 겹 한 겹 커져서 우박이 된단다."

"우박이 한 번에 짠 하고 만들어지는 게 아니군요."

"맞아. 우박이 한 겹 한 겹 커지면서 나이테 무늬가 생겨난 거야. 구름 속을 오르내리던 빙정에 수증기가 달라붙으면 나이테 무늬가 하나씩 더 생기는 거지."

"아하! 그럼 나이테 모양이 몇 개인지 세어 보면 우박이 구름 속을 몇 번 오르락내리락했는지 알 수 있겠네요?"

"그렇지!"

핵심정리

우박은 구름 속 빙정이 위아래로 여러 번 오르내리면서 한 겹 한 겹 커져서 생긴 얼음덩어리야.

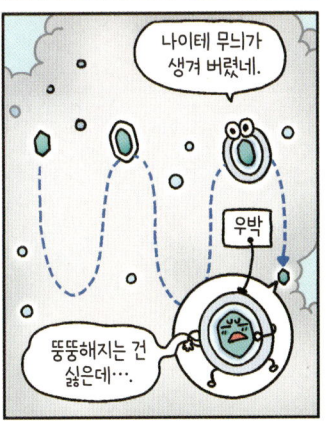

 ## 비와 눈이 내리는 과정

"선생님. 비나 눈도 구름에서 생기는 거잖아요. 왜 어떤 때는 우박이 내리고, 어떤 때는 비나 눈이 내리는 거죠?"

"맞아요. 우박보다는 비나 눈이 더 자주 내리잖아요."

"하하. 좋은 질문이야. 그건 바로 구름 속 상승 기류의 세기에 달렸어. 상승 기류가 강할 때는 빙정이 구름 속을

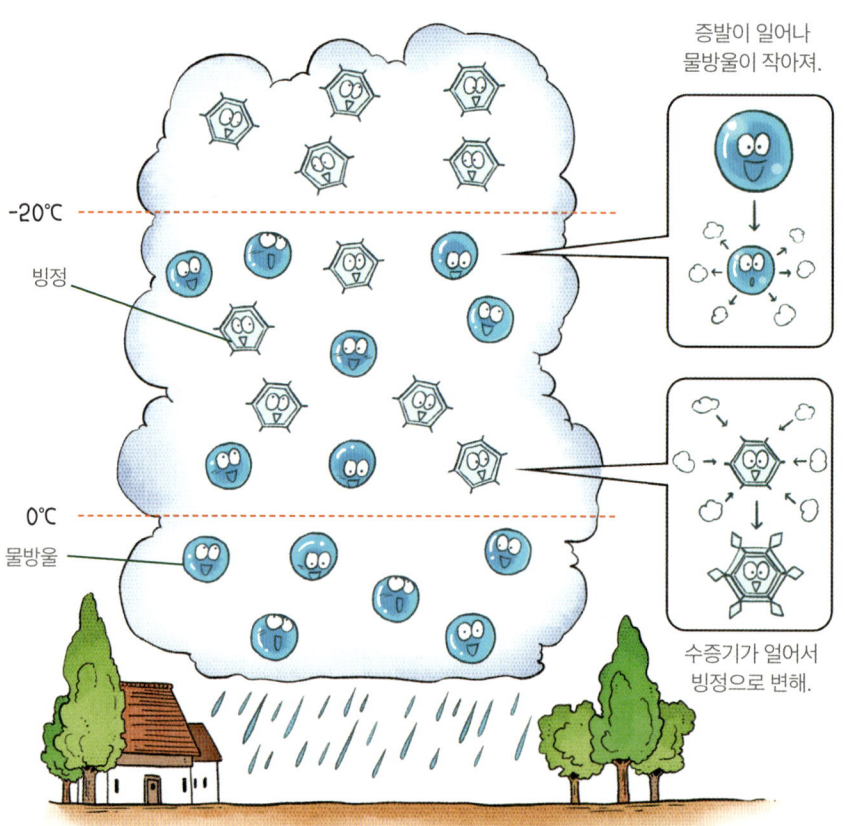

여러 번 오르락내리락하면서 우박이 생기지만, 상승 기류가 그리 강하지 않을 때는 빙정이 우박처럼 크고 무거워지기 전에 구름 아래로 떨어진단다."

"그럼 구름 아래로 떨어진 빙정은 눈이 되겠네요? 빙정이 얼음 알갱이니까요."

"늘 그렇진 않아. 빙정은 구름 아래쪽 기온에 따라 눈이 되기도 하고, 비가 되기도 해."

"네? 그게 무슨 말씀이세요?"

"먼저 눈이 언제 내리는지 생각해 볼까?"

"그야 당연히 겨울이죠."

"맞아. 겨울 중에도 비교적 추운 날과 따뜻한 날이 있지? 날이 추워서 빙정이 녹지 않고 그대로 내려오면 눈이 돼. 반대로 비교적 날이 따뜻하면 빙정이 내려오면서 녹아

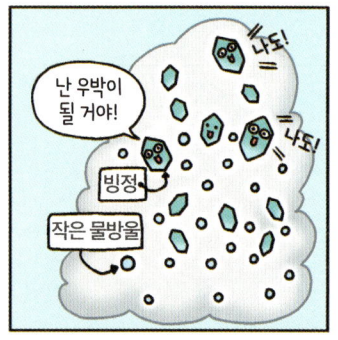

비가 된단다. 즉, 구름 아래쪽 기온이 낮으면 눈이 되고 높으면 비가 되지."

"오호. 그래서 겨울에도 늘 눈만 오는 건 아니군요. 겨울이 아니라면 당연히 비만 내리고요."

"그렇지. 결국 구름 속에서 커진 빙정이 비나 눈이 되는 거야."

구름 속에 상승 기류가 강하면 우박이 내리고, 그렇지 않으면 눈이나 비가 내려. 구름 아래쪽 기온이 낮으면 눈이, 구름 아래쪽 기온이 높으면 비가 내리지.

 열대 지방에 눈이 내리지 않는 까닭

그때 왕수재가 손을 번쩍 들고 나섰다.

"선생님, 선생님. 제가 열대 지방에 눈이 내리지 않는 이유를 알아낸 것 같아요. 더운 열대 지방은 기온이 높아서 구름 밑으로 떨어진 빙정이 항상 녹을 테니까 비만 내리는 거죠? 역시 전 하나를 배우면 열을 안다니까요."

"하하, 안타깝지만 그건 아니야. 열대 지방에서 눈이 내리지 않는 이유는 구름 자체가 우리나라 부근에서 생기는 구름과는 전혀 다르기 때문이야."

"구름이 다르다고요?"

"열대 지방의 구름 속에는 빙정이 아예 없는 경우가 대부분이야. 구름 속 기온이 빙정이 생길 정도로 낮아지지 않거든."

"구름 속에 빙정이 없다고요? 그런데 방금 전에 빙정이 녹아서 비가 된다고 하셨잖아요. 그럼 열대 지방에서는 비가 어떻게 내려요?"

"열대 지방에서는 구름 속에 물방울만 있어서 물방울에 의해서만 비가 만들어져. 열대 지방의 구름 속에는 다양한 크기의 물방울들이 있는데, 이 물방울들은 위아래로 움직이며 구름 속을 떠다녀. 그러다 다른 물방울과 만나 합쳐지면서 점점 크기가 커지지."

"오호, 그래서요?"

"이렇게 점점 커진 물방울이 무거워져서 구름 아래로 떨어져 비가 되는 거야."

"이야, 열대 지방에서는 빙정이 녹아서 비가 되는 게 아니라, 처음부터 물방울이 떨어져 그대로 비가 되는군요."

"그렇게 생각하면 열대 지방에서는 절대 눈이 내릴 수 없겠네요."

"맞아. 우리나라처럼 겨울이 추운 지역에서는 빙정이 녹아서 비가 내리고, 열대 지방에서는 물방울이 합쳐져서 비가 내려. 똑같은 비가 내리는 것처럼 보이지만, 구름 속에 빙정이 있느냐 없느냐에 따라 비가 내리는 과정은 전혀 다르단다."

아이들이 모두 고개를 끄덕이는데 곽두기가 창밖을 보며 외쳤다.

"앗! 우박이 그쳤어요."

"그러네. 얘들아, 오늘도 새로운 걸 많이 알게 되었지?"

용선생의 말이 채 끝나기도 전에 아이들이 과학실 밖으로 뛰쳐나가며 말했다.

"선생님. 저희 먼저 가 볼게요. 우박이 녹기 전에 나이테 무늬를 자세히 관찰하려면 시간이 얼마 없거든요. 다음 시간에 봬요!"

핵심정리
열대 지방에서는 구름 속에 빙정이 없고, 구름 속 크고 작은 물방울이 합쳐져서 비로 내려.

나선애의 정리노트

1. 우박
  ① 구름 속 빙정이 오르락내리락하는 운동을 반복하여 커진 얼음덩어리
  ② 이런 운동을 반복하면서 우박 속에 ⓐ [　　] 무늬가 생김.

2. 비가 내리는 과정
  ① 우리나라처럼 겨울이 추운 지역에 내리는 비
   • 구름 속에 작은 물방울과 ⓑ [　　] 이 존재함.
   • 물방울에서 증발한 수증기가 달라붙어 커진 빙정이 떨어짐.
   • 구름 아래쪽 기온이 낮으면 빙정이 녹지 않아서 ⓒ [　　] 이 됨.
   • 구름 아래쪽 기온이 높으면 빙정이 녹아서 ⓓ [　　] 가 됨.

  ② 열대 지방에 내리는 비
   • 구름 속에 물방울만 존재
   • 다양한 크기의 물방울들이 합쳐져 비가 됨.
   • 빙정이 없어 ⓔ [　　] 이 내릴 수 없음.

ⓐ 나이테 ⓑ 빙정 ⓒ 눈 ⓓ 비 ⓔ 눈

과학퀴즈 달인을 찾아라!

●정답은 113쪽에

01

친구들이 이번 시간에 배운 내용에 대해 이야기하고 있어. 옳으면 O, 옳지 않으면 X를 표시해 줘.

① 우박 속 무늬를 보면 빙정이 구름 속에서 몇 번 오르락내리락했는지 알 수 있지. (   )

② 열대 지방 구름 속에도 빙정이 있어. (   )

③ 열대 지방에서는 구름 속 다양한 크기의 물방울들이 합쳐져 비가 돼. (   )

02

허영심이 구름 미로를 통과하려 해. 올바른 길을 알려 줘.

힌트 구름 속에 있거나, 구름에서 만들어지는 것들을 따라가면 돼.

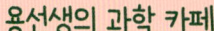 

용선생의 과학 카페

과학계의 핵인싸,
용선생의 과학 카페에
오신 걸 환영합니다.

[Log in]

오늘은 어떤 재미난 지식을 올려 볼까?

MENU
- 물리면 아프다
- 화학이 화하하
- 생물 오징어
- 지구는 둥글다

https://cafe.naver.com/yongyong

측우기의 우수성

 조선 시대에는 해시계인 앙부일구, 물시계인 자격루, 우량계인 측우기같이 뛰어난 과학 도구들이 많이 발명되었어. 이 중에서 가장 뛰어난 발명품을 한 가지만 고르라면 무얼 선택하겠니?

 저는 못 고르겠어요. 모두 훌륭해 보이는데요?

 선생님은 망설임 없이 측우기를 선택할 거야.

 왜요? 땅 위에 가만히 놓여서 빗물을 받는 물건이잖아요. 더 멋진 발명품도 많은데…….

 그렇게 생각할 수도 있지. 하지만 선생님 이야기를 들어 보면 생각이 바뀔걸? 측우기는 세종대왕이 조선을 다스리던 1441년에 만들어진 우량계야. 《세종실록》에 따르면 당시 세자였던 문종이 가뭄을 걱정하여 강우량을 정확히 측정할 수 있는 기구에 대한 아이디어를 냈대.

 측우기를 만든 이유가 아주 훌륭하네요.

 측우기의 생김새도 아주 훌륭하단다. 측우기는 구리로 만들어진 원통형 본체와 이것을 고정하기 위한 측우대, 그리고 고인 빗물의 깊이를 재기 위한 자(주척)로 이루어져 있어.

▲ 측우기

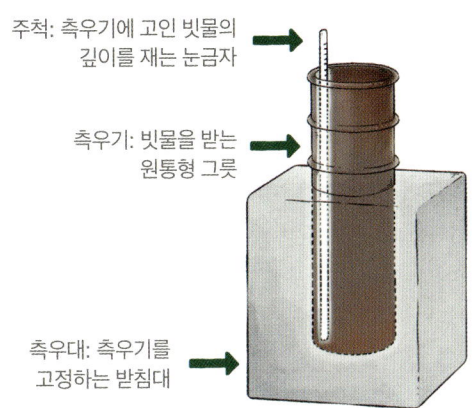

주척: 측우기에 고인 빗물의 깊이를 재는 눈금자

측우기: 빗물을 받는 원통형 그릇

측우대: 측우기를 고정하는 받침대

▲ 측우기의 구조

- 장하다의 오답을 피하는 방법
- 나선애의 야무진 실험실
- 왕수재의 아는 척 과학교실
- 허영심의 별 헤는 밤
- 곽두기의 빅뱅 따라잡기

 측우기가 생각보다 정교하네요. 그런데 뭐가 특별하다는 건지 잘 모르겠어요.

 조선 시대 사람들은 자를 이용해 비가 온 양을 숫자로 나타내고, 또 정해진 시간마다 강우량을 측정해 기록으로 남겼어. 이렇게 비의 양을 과학적으로 측정하는 데 이용한 도구는 전 세계에서 측우기가 처음이야. 측우기는 유럽 최초의 우량계보다도 무려 200년이나 앞섰지. 그래서 측우기가 발명된 날로 추측되는 5월 19일을 발명의 날로 정했단다. 어때, 이만하면 가장 뛰어난 발명품으로 불릴 자격이 있지?

COMMENTS

우아! 자랑스러운 측우기!
ㄴ 나도 오늘부터 발명에 도전할래!
ㄴ 공부만 하던 네가 웬일로?
ㄴ 발명품 만들기 숙제가 있거든.

가로세로 퀴즈

습도와 구름에 관한 가로세로 퀴즈야. 빈칸을 채워 봐.
띄어쓰기는 무시해도 돼.

가로 열쇠

① 온도계 두 개로 습도를 측정하는 장치
② 비가 내릴 때 물고기가 함께 떨어지는 현상
③ 하늘에서 떨어진 물의 양을 모두 더한 것. 여기에는 비, 눈, 우박 등이 모두 포함됨.
④ 비가 온 양
⑤ 바다 위에서 토네이도가 생기는 현상. 옛날 사람들은 용이 하늘로 올라갈 때 생기는 것으로 생각했음.

세로 열쇠

❶ 야구공을 던질 때 습도가 높은 날 던지기 좋은 공. 직구가 아니라 ○○○
❷ 온도를 잴 때 사용하는 장치
❸ 건습구 습도계의 습구 온도계로 잰 온도
❹ 공기 중에 수증기가 얼마나 많은지를 수치로 나타낸 것
❺ 공기가 건조할 때 습도를 높이기 위해 사용하는 기계
❻ 지구상의 물이 상태를 바꾸면서 계속 돌고 도는 현상
❼ 비가 온 양을 재는 도구
❽ 눈이 온 양
❾ 하늘에서 떨어지는 얼음덩어리. 속에 나이테 모양의 무늬가 있음.
❿ 작은 물방울이나 빙정이 하늘에 떠 있는 것

●정답은 113쪽에

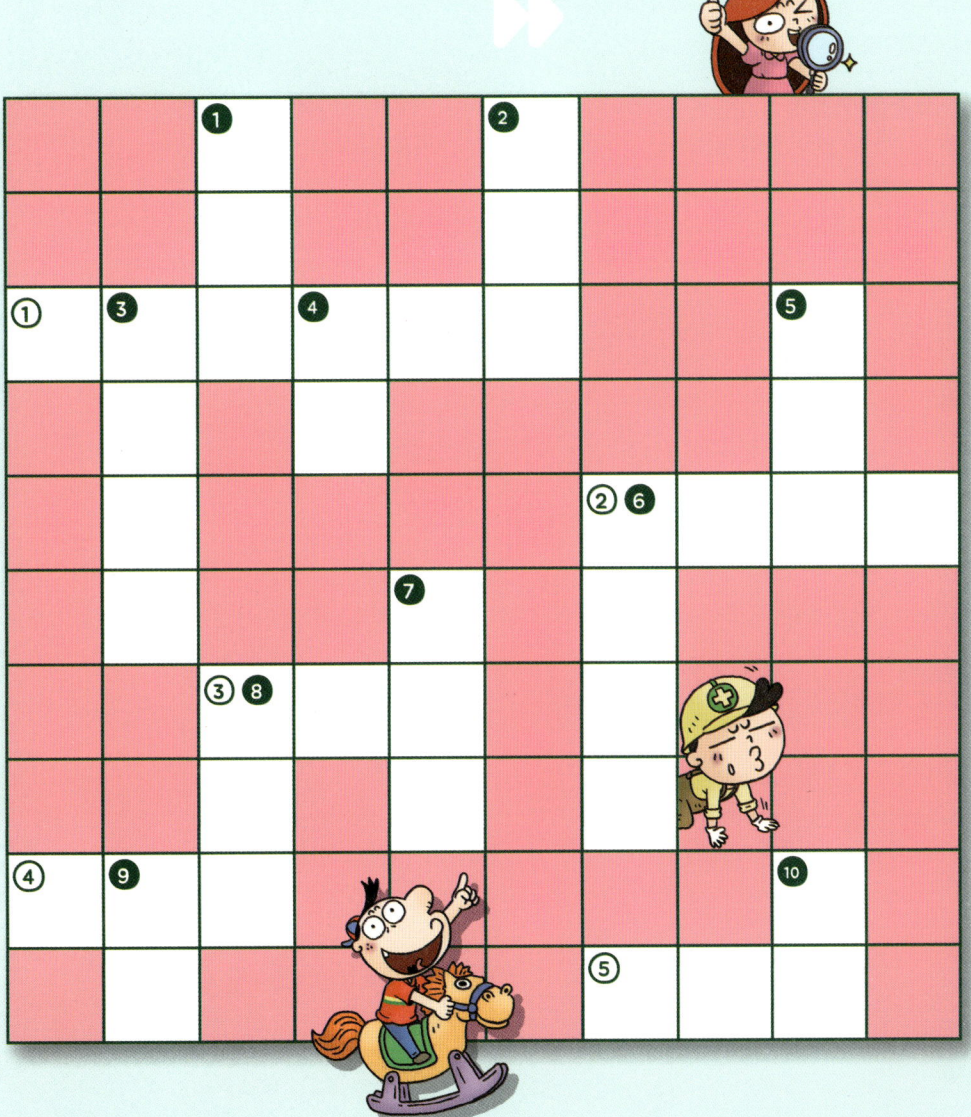

교과서 속으로

교과서에서는 어떻게 배울까?

초등 4학년 2학기 과학 | 물의 여행

물의 순환은 어떻게 일어날까?

- **물을 볼 수 있는 곳**
  - 땅 위, 땅속, 바다, 강과 호수, 공기 중 등 지구 곳곳에서 볼 수 있다.
- **상태를 바꾸며 이동하는 물**
  - 바다에서 증발할 때 수증기로 바뀐다.
  - 식물의 잎에서도 수증기가 공기 중으로 나온다.
  - 수증기는 하늘 높이 올라가 응결하여 구름이 된다.
  - 구름은 비나 눈이 되어 땅에 내려오고, 빗물은 바다로 흘러간다.

 물고기 비를 보면 물이 순환하는 걸 확실히 알 수 있지.

초등 5학년 2학기 과학 | 날씨와 우리 생활

습도가 우리 생활에 미치는 영향은?

- **습도가 높은 날씨**
  - 빨래가 잘 마르지 않는다.
  - 쇠붙이가 쉽게 녹슨다.
  - 곰팡이가 빨리 핀다.
  - 과자나 김이 쉽게 눅눅해진다.

- **습도가 낮은 날씨**
  - 빨래가 잘 마른다.
  - 불이 날 위험이 높아진다.
  - 감기 등 건강에 이상이 생긴다.

 습도는 너무 높아서도 낮아서도 안 돼! 습도를 틈틈이 확인해야지.

초등 5학년 2학기 과학 | 날씨와 우리 생활

건습도 습도계의 원리는?

- **건구와 습구 온도가 다른 까닭**
  - 습구 온도계는 헝겊을 타고 올라온 물이 증발하면서 주위의 열을 흡수한다.
    ↳ 건구 온도계보다 온도가 낮아진다.
  - 공기가 건조할수록 물이 많이 증발하므로 온도 차가 커진다.

- **건구와 습구 온도의 차와 습도**
  - 온도 차가 클수록 습도가 낮다.
  - 온도 차가 작을수록 습도가 높다.

 나는 건구와 습구 온도 차가 0일 때 습도가 100%라는 것도 알지.

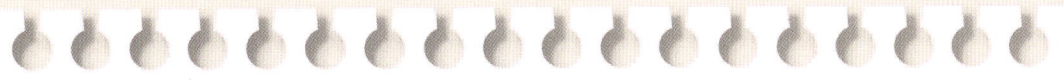

중 3학년 과학 | 기권과 날씨

구름에서 눈이나 비가 내리는 과정

- **열대 지방에서**
  - 구름은 물방울로만 이루어져 있다.
    ↳ 구름 속의 크고 작은 물방울들이 서로 충돌하면서 합쳐져 점점 커진다.
    ↳ 물방울이 더 이상 공기 중에 떠 있지 못할 정도로 무거워지면 떨어져서 비가 된다.

- **우리나라처럼 겨울이 추운 지역에서**
  - 구름의 아랫부분에는 물방울이, 중간부터 꼭대기 부분에는 물방울과 빙정이 섞여 있다.
    ↳ 빙정에 수증기들이 달라붙어 빙정이 점점 커진다.
    ↳ 빙정이 더 이상 공기 중에 떠 있지 못할 정도로 무거워지면 떨어져서 눈 또는 비가 된다.

 다 우리가 배운 내용이네! 중학교 가서도 과학은 문제없겠어.

찾아보기

가습기 37
강설량 24
강수량 24-25
강우량 24, 106-107
건구 온도 52, 54-58
건구 온도계 52-53, 55-58
건습구 습도계 47-48, 51, 53, 56-58
건습구 습도표 54, 57-58
고적운 68-70
고층운 68-70
권운 64-65, 68-70
권적운 64-66, 68-70
권층운 64-65, 67-70
기온 80, 96, 99-101, 104
나이테 95
나이테 무늬 97, 103, 104
난층운 68-70
날씨 하우스 29-30, 33, 39-40
눈 24-25, 77-78, 88, 91, 98-104
루크 하워드 63-65
머리카락 30-34, 40
모발 32
모발 습도계 32-33, 40, 47
물고기 비 12-13, 15, 17-19, 21-22
물방울 42, 76, 80-82, 86-88, 90, 95, 98, 101-104
물의 순환 21-22, 78-79
변화구 38
부피 85-88

분류 63-64
불쾌지수 36, 40
비 12-13, 15, 17-22, 24-25, 33, 46, 49, 68-69, 77-79, 88, 90-91, 98-104, 107
빙정 80-82, 86-88, 90, 95-104
상승 기류 96-100
상층운 68-69
수증기 19-21, 30, 33-34, 38, 40, 43, 49-50, 54-55, 68, 76, 82-86, 88, 90, 95-98, 104
습구 온도 53-58
습구 온도계 52-53, 55-58
습도계 47-48, 53
안개 39, 76-77, 88
야구공 38
열대 지방 79, 100-104
온도 36, 47-48, 50-58, 80-88, 90
온도계 47-48, 51-52, 54
용오름 15-18, 22
우량계 24-25, 106-107
우박 24-25, 94-100, 103-104
응결 90
응결핵 90
이슬 39
적란운 68-70, 96
적운 64-65, 68-70
제습기 37, 44, 46, 57
제습제 37
중층운 68-69

증발 19-22, 25, 49-53, 55, 57-58, 82, 90, 95, 98, 104
지표면 82-84, 86
지하수 21-22, 24, 43
측우기 106-107
층운 64-66, 68-70
층적운 65, 68-70
토네이도 15-16
하층운 68-69

퀴즈 정답

1교시

01 ① ○ ② ✗ ③ ○

02

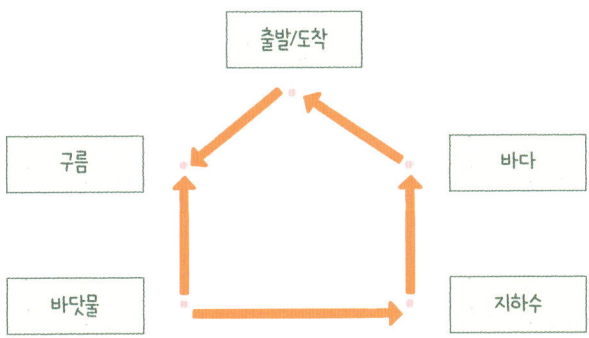

2교시

01 ① ○ ② ✗ ③ ✗

02

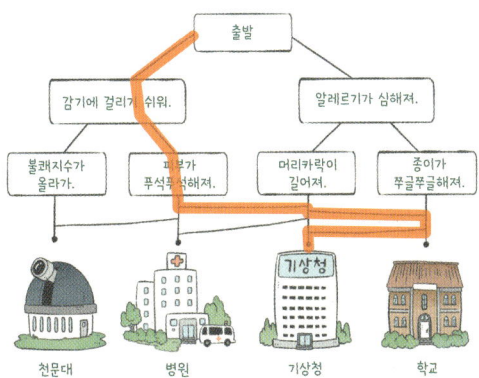

3교시

01 ① ○ ② ✕ ③ ○

02 59 92

(습도 단위: %)

건구 온도 (°C)	건구 온도와 습구 온도의 차(°C)						
	0	1	2	3	4	5	6
26	100	92	84	76	69	62	55
25	100	92	84	76	68	61	54
24	100	91	83	75	68	60	53
23	100	91	83	75	67	59	52

4교시

01 ① ○ ② ○ ③ ✕

02 ① 권운
② 층운
③ 적운

5교시

01 ① X ② O ③ O

02

6교시

01 ① O ② X ③ O

02
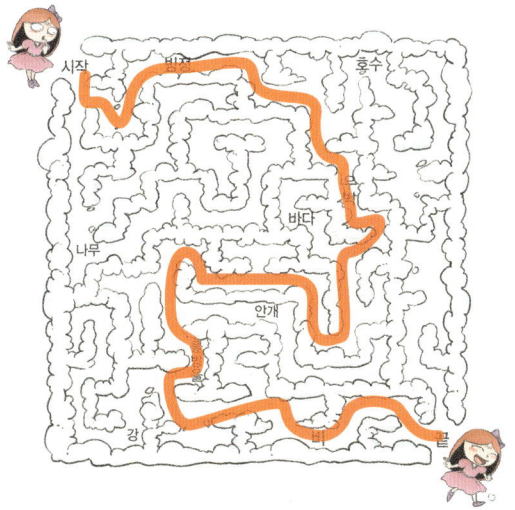

가로세로 퀴즈

		❶변		❷온			
		화		도			
①건	❸습	구	❹습	도	계		❺가
	구		도				습
	온				②❻물	고	기	비
	도		❼우		의		
		③❽강	수	량		순		
		설		계		환		
④강	❾우	량				❿구
	박			⑤용	오	름

일러두기
- 맞춤법과 띄어쓰기는 국립국어원에서 펴낸 《표준국어대사전》을 따랐습니다.
- 과학 용어 표기는 《2015 개정 교육과정에 따른 교과용도서 개발을 위한 편수자료Ⅲ 기초과학, 정보 편》을 따랐습니다.
- 이 책에 실린 사진은 저작권자로부터 사용 허가를 받았습니다. 저작권자와 접촉하기 위해 최선을 다했으나 불가피한 사정으로 사용 허가를 받지 못한 일부 사진에 대해서는 저작권자와 연락이 닿는 대로 게재 허락을 받고 사용료를 지불하겠습니다.
- 이 책에 실린 그림의 저작권은 별도의 표기가 없는 한 사회평론에 있습니다.

사진 제공
24쪽: Famartin(wikimedia commons_CC 3.0) | 42쪽: Jack Cook, Adam Nieman, WHOI, Howard Perlman, USGS | 47, 52쪽: 북앤포토 | 64쪽: Science Museum(Science & Society Picture Library) | 77쪽: 북앤포토 | 81쪽: Agricultural Research Service(퍼블릭도메인) | 96쪽: Gettyimagesbank | 97쪽: ERZ(wikimedia commons_CC 3.0) | 107쪽: 독립기념관 | 그 외: 셔터스톡

용선생의 시끌벅적 과학교실 | 습도와 구름

1판 1쇄 발행	2019년 12월 20일
1판 8쇄 발행	2025년 2월 24일

글	김형진, 이명화, 설정민, 이현진
그림	조현상(매드푸딩스튜디오), 뭉선생, 윤효식
감수	맹승호
캐릭터	이우일
어린이사업본부	이승필
책임편집	이건혁
편집	정세민, 이명화, 홍지예, 김미화, 최예리, 윤성진
마케팅	윤영채, 정하연, 안은지, 박찬수
경영지원본부	나연희, 주광근, 오민정, 정민희, 김수아, 김승현
아트디렉터	강찬규
디자인	디자인서가
사진	북앤포토
펴낸이	윤철호
펴낸곳	(주)사회평론
전화	02-326-1182
팩스	02-326-1626
주소	03993 서울시 마포구 월드컵북로6길 56 사평빌딩
출판등록	1993년 10월 6일 제 10-876호

© 사회평론, 2019

ISBN 979-11-6273-072-0 73400

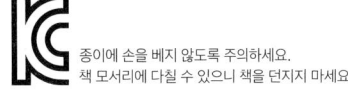

- 이 책 내용의 일부나 전부를 다시 사용하려면 저작권자와 사회평론의 동의를 받아야 합니다.
- 잘못 만들어진 책은 바꾸어 드립니다.

종이에 손을 베지 않도록 주의하세요.
책 모서리에 다칠 수 있으니 책을 던지지 마세요.